U0501298

中华文脉
SINIC
CONTEXT

从 中 原 到 中 国

王战营 / 主编

《中华文脉》编辑出版委员会

主　编　王战营

编　委　（按姓氏笔画为序）

王　庆　王中江　王守国　冯立昇

刘庆柱　李向午　李伯谦　李国强

张西平　林疆燕　耿相新　顾　青

黄玉国　葛剑雄　董中山

中华文脉
SINIC CONTEXT

从 中 原 到 中 国

王战营 / 主编

仰韶时代

王仁湘　著

中原出版传媒集团
中原传媒股份公司

河南美术出版社
· 郑州 ·

图书在版编目（CIP）数据

仰韶时代 / 王仁湘著. -- 郑州 ：河南美术出版社，
2024.10. --（中华文脉 ：从中原到中国）. -- ISBN
978-7-5401-6199-6

Ⅰ．K871.134

中国国家版本馆 CIP 数据核字第 20243M4N64 号

仰韶时代

王仁湘　著

出 版 人：王广照

选题策划：康　华　王　昕

责任编辑：董慧敏

责任校对：王淑娟

责任设计：书籍/设计/工坊 刘运来工作室　徐胜男

责任印制：李跃奇

出版发行：河南美术出版社

地　　址：郑州市郑东新区祥盛街27号C座4楼

邮　　编：450016

电　　话：（0371）65788198

经　　销：新华书店

印　　刷：河南瑞之光印刷股份有限公司

开　　本：720mm×1020mm　1/16

印　　张：15

字　　数：196千字

版　　次：2024年10月第1版

印　　次：2024年10月第1次印刷

书　　号：ISBN 978-7-5401-6199-6

定　　价：118.00元

若发现印、装质量问题，影响阅读，请与承印厂联系调换。

印厂地址：河南省武陟县产业集聚区东区（詹店镇）泰安路

电话：0371-6395629

自序

我的仰韶情结

仰韶文化，你兴许知道，但仰韶何来，很多人就未必知其所以然了。

在河南渑池黄河边有座绮丽的韶山，山下有座村庄可以时时仰望她，所以就有了仰韶村这样一个特别的名字。

因为考古，仰韶成了中国考古学中一个辉煌的名字，它是中国考古学发端的圣地，在那里首次开启了认知中国新石器时代的大幕，从此中国就开始显露新石器时代的光芒。

仰韶，在中国史前考古学著述中是出现频率最高的名字。

仰韶文化，在中国考古学家的科学研究中是最具魅力的课题。

在中国新石器时代考古研究中，仰韶文化曾经是最重要的中心论题，几代学者为之倾注了巨大的热情。我们感谢这些拓荒者和建设者，是他们在孜孜不倦的追求中逐渐建构了中国新石器时代的图景。

最先发现并向世界公布仰韶考古的，是一位远道而来的外国人，他就是来自瑞典的安特生。是安特生发现了仰韶村的秘密，是他将这些秘密公之于世，让全世界知道了仰韶村，知道中国也有新石器文化，这就是他命名的"仰韶文化"。

仰韶的发现，一晃就过了100年。50多年前，我开始接触考古，与仰韶不期而遇。我也循着安特生走过的路，走过河南渑池仰韶，走到甘肃临洮马家窑和青海民和马厂，一步步走向考古。

我多次去过仰韶村朝圣，印象最深的是，在一个细雨纷飞的时刻，我怀着虔诚的心轻轻地推开一扇柴门，蓦然间我看见面前有一条路蜿蜒坎坷，连接着古今，通向着未来，这是我在仰韶看到的古老而又现实的仰韶之路。

仰韶遗址位于仰韶村南和寺沟村北的台地上，这里有厚厚的黄土层，沟壑崖头处处可见房址和灰坑遗迹。虽然见惯了东西南北的许多遗址，但面对着这一方考古圣土，我的激动之情还是久久不能平息。这终归不是一座普通的考古遗址，它的根须，早已深种在中国考古人的心中。

漫步在仰韶遗址，虽然已经找不到当年安特生树立"仰韶文化区"木牌的地方了，也听不到他那手摇留声机的洋腔洋调了，但我能感觉到那位安牧师的身影已深深地印在了这块土地上。离开朝圣的人流，独自信步走向村外，我感受着安特生当年感受过的气息。我脚下的这条路，也许安特生也曾走过，他也许就是在这条路上，反复思考了这样的问题：仰韶这样灿烂的彩陶文化，它是怎么出现的呢？它的源头在哪里？

寻找源头，是个很费力的工作。不要以为是一条大河，源头一定会彰明较著。长江和黄河的源头就不是一下子确定下来的，历史上经历了多次认错源头的事情。对于仰韶文化的研究也是如此。从学术上讲，时至今日，不仅源头的寻找还有待继续努力，我们现在对仰韶的命名、分布范围、社会发展状况等问题的研究，也存有许许多多的争论。但是对于很多学者来说，我们现在还不愿意舍弃仰韶，这可以称作几代学者的"仰韶情结"。我认为，在安特生的时代，仰韶文化的命名不仅是恰当的、及时的，也是非常必要的。仰韶文化命名伊始，就成了新诞生的中国田野考古学的一面大旗，许多的学者都由这旗下走过，成就了他们的伟业。

没有仰韶村的发现，中国新石器时代考古开始的时日可能还会晚一些；没有仰韶村的发现，在大中原最先发现的史前文化就不会是以"仰韶"命名的文化，中国新石器时代的建构或许是通过另外的途径完成的，"仰韶"这个名称也不会出现在中国考古学史上。我们现在完全可以这样说：史前时代的中国，是从仰韶村遗址的发现而开始发现的，仰韶村应当被作为中国新石器时代考古发祥地载入中国考古学史。在中国考古学界，尤其是在中国史前考古学研究领域，我们不能没有仰韶村，也不能没有仰韶文化。

每次在仰韶村的朝圣，时间虽然短暂，但印象非常深刻。当仰韶村慢慢消失在背后，我的心中还在默念着它。我此刻在想，我与仰韶村和仰韶文化的相遇似乎很是偶然，印象却是越来越深刻，经过了数十年的交集，仰韶已经成了自己生命的一部分。

我的仰韶研究，其实是从彩陶开始的。我最早关注的是花瓣纹的研究，接着就介入了《中国考古学·新石器时代卷》中"黄河中游仰韶文化群"的编写，这是用心于仰韶文化全景式研究的开始，也是全面了解仰韶文化的开始。

与此同时，我继续钻研仰韶彩陶，出版了《史前中国的艺术浪潮：庙底沟文化彩陶研究》一书，梳理出大鱼纹纹饰系统，还有鸟纹纹饰系统。印象最深的是，我用读地纹的方式确认了旋纹的存在，并且推断旋纹可能是"旋目"，即天体崇拜的证据。还结合彩陶与青铜纹饰的研究，揭示了史前阴阳观念的表达方式，颠覆了以前学术界对彩陶纹饰的解读。

地纹彩陶，是认知彩陶的新视点。中国彩陶所见地纹的题材——花瓣纹和旋纹是最典型的两种地纹。有了这个新视点,我曾写下了这样几句话:当我眯缝着双眼,再一次读仰韶文化的这些彩陶时,我无法抑制自己的激动。眼前的彩陶映出了与以往全然不同的画面,满目是律动的旋纹,我几乎没有看到前人所说的花朵的构图。于是,连续数日,它让我如入迷途,让我寝食不思。那感觉又像是一种顿悟,如释重负。

由6000多年前的彩陶图案,看到隐藏着的中国新石器时代一个共有的认知体系,或许就是他们原始的宇宙观体系。这种认知体系在形成后,还迅速向周围传播,几乎覆盖了中国史前文化较为发达的全部地区。这种扩散和传播,也恰好反映了整个中华民族的信仰认同。彩陶上的旋纹,原本是以仰韶庙底沟文化为核心的一种纹饰,它却可以东传到山东的大汶口、南传到湖北大溪、北传到内蒙古红山、西传到甘肃和青海的马家窑,还传播到云南和缅甸的边境甚至越南古文化中。这不单单是一种艺术形式的传播,更是一种认知体系的传播。

彩陶激起的浪潮,一波一波地向前,一浪一浪地推进。它将庙底沟文化彩陶传统与精神文化传播到了更广大的地方。我特别感动的是,其实那些纹饰有的很简单,也不好说它究竟有多美多漂亮,但是史前的人类都要画同一类的图案,这就表明了一种文化认同,我觉得这是中国文明形成过程中的一种大范围的文化认同。庙底沟文化彩陶有一种巨大的扩散力,它让我们清楚地感受到了中国史前出现的一次规模宏大的艺术浪潮,浪潮的内动力是彩陶文化自身的感召力。

因为这个传播是一种文化趋同的过程,文化趋同的结果就是主体意识形态的成功构建。彩陶不仅仅影响了当时人们的生活、当时人们的信仰,它还超越了那个时代、那个地域,也超越了历史,使得古今的艺术传统一脉相承。我们现在看到很多的图案、很多的图形,都可以在彩陶里找到源头。

史前人将自己的灵魂注入到了他们的艺术中，就像有的人类学家说的那样，我们可能永远也不会知道，史前艺术家在进行他们的艺术创作时想到了什么。我们如何才能理解史前人的艺术语言呢？我想最简单而又最不容易的办法是，让我们的大脑穿越时空，回到遥远的史前。有了对彩陶的新认识，还有对仰韶研究的全面梳理，几年前我又写成了《大仰韶：黄土高原的文化根脉》一书，是对仰韶研究的整体阐述。

其实我的仰韶研究，就田野考古的层面而言，又真真是由前仰韶开始的。我在中国社会科学院研究生院学习，起初关注的是长江流域的史前文化，大范围地熟悉了南方考古学文化，后来集中到长江下游马家浜文化崧泽期的发现，建议独立命名为一个文化，这样就写成了学位论文《崧泽文化初论》，崧泽期独立命名文化，很快得到学界认同。从那时开始，我心里就有了一种江南情结，本希望毕业后去那里开展田野考古，结果申请后不仅没有得到批准，毫无学术储备的我还被遣往大西北。心有不甘，也是莫奈何也。

不过正是因为出征西北，让我对仰韶文化有了直接的认知，这与我后来的学术路程，也就自然发生了一些关联。而且后来我做成了一些西北与东南文化比较研究的课题，自然也得益于这种让人不能理解的安排。

到西北参加的是两个重要遗址的发掘：一是陕西临潼白家村，一是甘肃天水西山坪，这两处均属前仰韶文化，是当时学界为寻找仰韶来源的重点动作。在白家村发现的是纯粹的前仰韶文化堆积，遂将其命名为"白家村文化"；而在西山坪见到了白家村文化在下、北首岭类型在上的堆积，为寻找仰韶的来源提供了重要线索。

回顾50多年走过的学术路程，我与仰韶结缘有了30多年，我觉得是仰韶考古选择了我吧，虽然这个选择不一定合适，但我还是努力适应着。也许仰韶考古没有因我而变得更加精彩，我之人生却因它变得非常充实。

仰韶是中国新石器时代最璀璨的光焰，仰韶是扎根黄土塬的华夏文化之根，它塑造了华夏文明的精神与魂魄，滋养了我们的传统性格，健全了我们的艺术与信仰。我们要了解它，时常谈论它，让仰韶之光熠熠闪烁在我们的心中。

习近平总书记向仰韶文化发现和中国现代考古学诞生 100 周年致贺信，信中说："100 年来，几代考古人筚路蓝缕、不懈努力，取得一系列重大考古发现，展现了中华文明起源、发展脉络、灿烂成就和对世界文明的重大贡献，为更好认识源远流长、博大精深的中华文明发挥了重要作用。"

从一定意义上说，讲好仰韶故事，就是讲好华夏文明形成的故事，就是讲好我们早期中国的故事。作为一名考古学者，我把自己漫长学术生涯的所思所得重新梳理，尽量以通俗的语言进行有趣有料的转化，目的是想唤起广大民众对距今 7000—5000 年的仰韶时代先民的生活和信仰的关注和兴趣，以进一步加深对我们民族文明的理解，让这些属于仰韶的故事深深地烙刻在我们的生命之中。

中国社会科学院考古研究所研究员

目 录

第一章

发现大仰韶

石块磨光

陶器绘彩

田间地头祖祖辈辈惯见

却从没想过是谁留下的家什

不知它们有多么久远

百年前来了一位洋人

他试图揭开这个谜底

从哪儿来到哪儿去

仰韶从此作为先导

扛起百年寻根大旗

一、我们从哪里来：从神话传说到田野考古

　　每一个人都有自己的童年时光，不论是欢乐还是愁苦，它都会让你难以忘怀。每一个人也都有着自己的故乡，不论是绿水青山还是穷乡僻壤，它同样都会让人魂牵梦萦。那先祖生活过的故土，不论是秀丽的山水，还是贫瘠的僻壤，远方的游子都会永生怀有刻骨铭心的爱，终老时都会生出落叶归根般的情。但是我们每个人对自己自出生至懂事的那一段时光，却不会有什么太切实的印象，后来虽然从长辈那里能得到一些关于自己儿时的宝贵信息，但总让人感觉是那么的遥远，那么的模糊。

　　就像作为个体的每个人一样，整个人类也有自己的童年时光，也在故土留下了雄壮沉重的足迹。只可惜人类过于年迈了，早已记不清那些儿时的岁月，忘却了太多太多的事物。懵懵懂懂的人类初始光景，我们太想知道，我们太应该知道，可我们又太难以知道，只因为先祖没有能够告诉我们那一切。我们虽然也得到过一些片段的古时传说，但用它们无论如何也连缀不成一个完完整整的故事。

　　正是为了能还原、再现我们先祖的模样，现代文明社会培养了一批批专门寻根问祖的学问家，这便是一般人还不大熟悉的人类学家和考古学家。考古学家和人类学家穿越时空，走岩棚，入洞穴，聚中原，散边陲，辛勤追寻人类起源的迹象，艰难探寻人类文明起源的轨迹，试图将早已被历史尘埃掩盖的往事，一幕幕展示在我们这些人类的子

孙面前。

我们从哪里来？我们的文明从哪里来？我们走过什么样的历史？

回答这样的"天问"，人类似乎都是一直在用一种最权威而又最简单的方式给出答案：人是由无所不能的神缔造的。正像一些人类学家所说的那样，每一个人类社会都有一个关于人类起源的神话，这是所有故事中最基本的故事。在新旧大陆的几个文明发祥地，史学家们所能追溯到的文明源头，同样只有传说与神话。

人是上帝造的，《圣经》上这么说。上帝耶和华创造了世间万物，用尘土造出了一个叫亚当的男人，又用亚当的肋骨造出了取名夏娃的女人。一个世纪以前的人，主要是西方人，他们听惯了上帝造人的神话，相信那是确定不疑的事实。中国自然也不例外。中国有一套很完整的用传说文献构建的传统的历史体系，司马迁上溯至"五帝"，司马贞又溯至"三皇"。三皇五帝虽然在一定程度上体现了中国远古历史的某些层面，但还远不是信史，盘古开天地、女娲造人从来就只是美丽的传说。在传说与神话中考订洪荒时代的华夏远古史，会让人觉得扑朔迷离，疑信参半。

情况从西方近代田野考古学传入中国以后有了改观，那是 20 世纪初的事情。田野考古学介入后，我们的史学家们开始试图利用发掘出来的考古资料，对中国史前史进行复原或订补，甚至是进行改写。我们再读远古史，开始有了焕然一新的感觉。经过长时间的探索，我们甚至还可以大致梳理出传说时代和史前史的对应关系，认为伏羲、神农、黄帝这三皇，实际上代表着华夏远古文化产生发展的几个重要阶段。伏羲造就了人类，我们可以把他所在的时代看作旧石器时代的开端；神农发明了农耕，它孕育了新石器时代；黄帝发明了文字，它是文明时代到来的一个重要的标志。

　　近代田野考古学传入中国已有百年历程，从事中国史前考古学研究的学者们，在先祖生活的故土细心调查发掘，认真研究考证，追寻到人类的童年，追寻到先祖留下的足迹。当代学者们越来越清晰地认识到，自己的责任已不是改写人类早期历史的某一个局部，而是重构一部完整的史前史。通过大量的遗址发掘和丰富的出土文物，我们已能勾勒出中国远古历史的大体轮廓，过去被认为是虚无缥缈的远古，现在逐渐变得实实在在了。史前时代不仅仅是由神话与传说构建的，它还被考古学者们的双手真真切切地触摸到了。这是一次次艰难的旅程，有千回百折的艰辛，有柳暗花明的顿悟，也有出师未捷的遗憾，还有意外偶获的喜悦。考古学者们相信，随着考古资料的进一步丰富和研究的深入，我们先祖的样貌会越来越清晰，他们就是曾经的我们，鲜活而生动。

二、仰韶：仰望韶山的村庄

　　仰韶村是河南省三门峡市渑池县的一个村庄，这个悠闲静谧、普通平凡的村落却保存着一个久远的故事，是一个已经被久久忘却的故

百年前的仰韶村（安特生　摄）

事。因为久远，原本的故事也就变成了传说。

仰韶村因为立在韶山之下，抬头便可望见山峰，于是得名。一座仰望韶山的村庄，是韶山带来了村名，那这韶山又是什么来历呢？

提起韶山，我们自然会想起领袖毛泽东的家乡湖南韶山，还有山下的韶山冲。我们知道中国五岳之一的南岳衡山，是由 72 座山峰组合而成，而韶山就是其中的一座。韶山之名由来久远，传说是上古五帝之一的虞舜南巡经过时，见那儿山清水秀，在欣赏美景时，令乐官演奏韶乐，于是就有了韶山之名。

在《尚书·益稷》中有记载："《箫韶》九成，凤凰来仪。……击石拊石，百兽率舞……"似乎说的正是这个故事，衡山里的韶山还真有可能是这样的来历。韶山作为舜帝南巡的登临处，嘉庆朝本《大清一统志》就有这样的说法："韶山，相传舜南巡时奏韶乐于此，因名。"不过同样的故事，却又被搬到了黄河边，河南渑池黄河南岸也有座韶山，相传也与舜帝南巡有关。舜帝在韶山上欣赏韶乐，因此这山也就有了韶山之名。舜帝南巡如果经过这里，应当早于衡山的韶山，也许真的在两个地方都奏起过韶乐，所以就留下了同样的山名。山名最初的用意一定是舜帝南巡时奏过韶乐的山，时间一久就略称为"韶山"了。

韶山下的仰韶文化博物馆（吴晓春　摄）

　　黄河南岸的韶山海拔1492.9米,因山腰云雾缭绕升腾,如云生山中,所以又名"云门山",风光十分绮丽。

　　韶山一定是美的,韶乐也一定是美的。韶乐之美,传到春秋,孔子听了之后,竟三个月不识肉味,那是《论语·述而》的记述。在《论语·八佾》中,孔子称赞韶乐"尽美矣,又尽善矣",尽善尽美是最高的赞赏。

　　《说文》说:"韶,虞舜乐也。""韶"既作为乐曲名,又作为山名。也可以引申为美好,用于形容时光、岁月、气象、年华、容貌及气质之美好,所以汉语中还有韶光、韶华、韶景这样的一些词语。

　　渑池韶山下的村庄,不止有仰韶村,邻近还有韶阳村、韶华村,一并都是沾光韶山。当然最有故事的是仰韶村,那里藏着比舜帝还要古老得多的故事。

仰韶村文化遗址(吴晓春　摄)

　　仰韶是一个平凡的村庄，又是一个非凡的村庄。仰望韶山的村庄，隐藏了 6000 多年的故事，被一个远道从欧洲来的外国人发现了。

三、安特生与仰韶村

　　韶山下有个仰韶村，仰韶村下面还埋藏着一个古老的故事。揭示这个古老中国故事的，却是一个外国人，他是来自遥远欧洲的瑞典地质学家安特生 (Johan Gunnar Andersson)。

　　1912 年 1 月，南京临时政府成立后在实业部矿政司设立了地质科，先由章鸿钊担任科长，后由英国留学回来的丁文江接任，又将地质科改为地质调查所。在丁文江的建议下，北洋政府聘请安特生担任中国农商

在河南考察时的安特生（王仁湘提供）

瑞典人玛利亚（王仁湘提供）

部矿政顾问。

接到中国政府的邀请，安特生辞去在瑞典的一切职务，从斯德哥尔摩出发，先到印度，再进入中国新疆。1914 年 5 月 16 日，他抵达北京。在农商部，安特生主要负责调查华北煤矿和铁矿，后来转移到古生物化石考察中。

安特生研究的转折是在 1916 年夏，他受命到山西调查铜矿，在黄河北岸垣曲县意外发现黄土下的红土堆积和淡水贝壳化石。次年春天安特生乘坐火车前往洛阳，他意外看见车厢的尽头有一位欧洲女士，她就是玛利亚，一位来自瑞典的传教士。老乡见老乡，他们对这次相遇非常惊喜，分别时两人互留了地址。玛利亚后来给安特生提供古生物化石方面的信息，安特生在瑞典国内募集资金，于 1917 年开始在中国内地采集古生物化石。

玛利亚比较熟悉她所在的洛阳一带，安特生跟着玛利亚到过很多

安特生在仰韶村（左一袁复礼　左二安特生）（王仁湘提供）

安特生故居（吴晓春　摄）

村庄，玛利亚还建议他到渑池去考察古生物化石。1919 年，安特生再次到新安县看望玛利亚，他们进行了深入的沟通。玛利亚因为协助安特生发现古生物化石，还被瑞典科学院授予了一枚银质林奈奖章。

从玛利亚那里获得信息后，1920 年秋安特生派助手刘长山前往渑池调查。刘长山在渑池村一带采集生物化石，并且收集到数百件石器，这是比古生物化石更为重要的发现。1 年后安特生自己去了两次渑池，意外发现了仰韶文化遗址。安特生在他的著作《龙与洋鬼子：一位瑞典地质学家眼中的万象中国》中，用整一章的篇幅来描述他与玛利亚的交往和仰韶遗址的发现过程。

有人说与玛利亚的邂逅，成就了安特生。1921 年 4 月，安特生在仰韶村边冲沟的崖壁上发现了远古时代的文化堆积，采集到一些石器和陶片，包括一些绘有红色或黑色图案的彩陶片。他在征得中国政府的同意后，于这一年的 10—12 月在仰韶村遗址进行了正式考古发掘。参与这次发掘的还有当时中国地质调查所包括地质学家袁复礼在内的 5 位工作人员，他们共发掘了 17 个地点，获得了大批珍贵文化遗物。

仰韶村遗址三面环水，位于渑池县城北 7.5 公里的仰韶村以南、寺沟村北的台地上，面积约 36 万平方米。安特生在发掘仰韶村遗址之后，又在渑池西庄村、不召寨和杨河，以及荥阳秦王寨、池沟寨和牛口峪等地点进行了调查或发掘。安特生认为这些地点的发现均属新石器时代末期的同一类遗存，他将黄河中游地区发现的同类遗存命名为"仰韶文化"。又因为这类遗存均以彩陶为明显特征，所以安特生又将其称为"彩陶文化"。

从此，仰韶文化的研究不仅成为中国近代考古学发端的一个重要标志，也成为中国史前考古学乃至整个中国考古学研究的中心课题之一，而且一直影响到中国现代考古学的发展。

从仰韶村开始拉开发现史前中国序幕的，就是安特生这位来自欧洲的外国人，他发现了一个人们前所未知的古老故事，这是一个奇迹。我国著名考古学家苏秉琦先生对安特生的功绩有这样的评说："1921年，安特生与我国地质学家袁复礼先生在河南省渑池县仰韶村的发掘，揭开了近代中国考古学的序幕。"仰韶文化是黄河中游地区的一支重要的新石器时代文化，又是中国田野考古最早发现和确认的新石器时代文化，在中国考古学研究中占有相当重要的地位。从此，仰韶成为在中国史前考古学著述中出现频率最高的名字，仰韶文化在中国考古学家的科学研究中是最具魅力的课题。

四、追溯源头

1921年10月27日，安特生和他的团队在仰韶村的黄土地上落下了中国现代考古学肇始的"第一铲"，仰韶遗址正式发掘。但在仰韶文化第一次被发现的时候，一个巨大的疑问和争论也随之而来：

仰韶文化来自哪里？源头在何方？

百年来关于仰韶文化起源问题的研究，有安特生等西方学者的"西来说"，还有我们自己创立的"本土说"和"多源说"。

"西来说"认为仰韶文化与域外文化的传播有关，出发点是彩陶技术始源于中东地区。当安特生结束了仰韶遗址的发掘回到北京后，面对琳琅满目的石器、骨器和彩陶片，他开始思索仰韶文化的来源。为了解决这个问题，他把目光聚焦到彩陶之上。而仰韶出土的彩陶在中国大地上完全是一种新的发现，之前从来没有任何记录和踪迹，所以，安特生很自然地把视角投向了中亚，投向了欧洲和东欧。起初安特生将在河南与甘肃发现的彩陶，同中亚土库曼斯坦的安诺文化彩陶进行

1924 年安特生在甘肃广河齐家坪遗址（王仁湘提供）

比较研究，认为两者有密切的联系。安特生根据英国考古学家、大英博物馆郝伯森（R·L·Hobson）的意见，认为彩陶技术的始源地是巴比伦，仰韶彩陶技术是由中东传来的。

为了证明这个推论的真实性，安特生在发现仰韶以后，便一头扎到中国西北。他认为仰韶文化最近的源头在那里，因为那里应当是中东彩陶东传的必由之路。经过几次田野考察，安特生觉得努力有了成效，他在甘青一带发现了许多彩陶遗址，也见到一些少有彩陶的遗址，他真的以为找到了仰韶文化的源头，以为解决了这个问题。

1925 年，安特生在其所撰《甘肃考古记》中，根据自己的调查，对甘肃史前文化提出了所谓仰韶文化"六期"说。这"六期"从早到晚依次是齐家期、仰韶期、马厂期、辛店期、寺洼期和沙井期，前三期划归新石器时代和铜石并用时代，后三期则归入早期铜器时代。列出这样的分期表，是为了明确地表述"仰韶期"来源于"齐家期"，因为齐家期少见彩陶，安特生认为它的年代较早。可惜的是，他把远古世界的年轮弄颠倒了，得到的是本末倒置的结论。

安特生的学说在维持了 20 年左右的时间后，就完全成了历史。仰韶文化"西来说"被中国学者逐步纠正了。

胡适先生是目前发现的最早对"西来说"表达批评的学者，他曾在日记中说："皆以为，古代陶器之有色泽花样的，是受西方文明的影响，我颇以为不然。"为了搞清这个问题，1926 年 3 月，清华大学人类学讲师李济先生在山西省夏县的西阴村展开田野发掘工作，很快就发现了带有"西阴纹"的彩陶，这些陶器的做工比此前安特生在甘青地区发现的陶器更加精良。如果按照安特生"西来说"的观点，仰韶文化是自西向东而来，那就意味着越往东彩陶的质量应该越低，而夏县西阴村的发现却与此相反，这就不能不让人对"西来说"产生怀疑。1931 年，考古学家梁思永在河南安阳后岗主持了两次考古挖掘工作，发现了考古学史上著名的"后岗三叠层"，发现地层关系的混乱是造成安特生推断错误的重要原因。

20 世纪 50 年代以后，黄河中游地区田野考古工作蓬勃开展，中国学者很快建立起了一个新的仰韶文化体系，对仰韶文化来源的研究也有了全新的认识。随着陕西境内北首岭、老官台和李家村遗址的相继发掘，以及发现了不同于仰韶文化的新一类遗存，在许多人还不知道应当怎样看待这些发现的时候，敏锐的研究者很快认定它们与仰韶文化存在渊源关系，这让学术界看到了新的希望。这一类遗存，后来被有的研究者命名为"老官台文化"和"李家村文化"等。从此以后，研究者在讨论仰韶文化的起源时，很自然地把眼光放到了这些目标上。这与安特生的研究相比，可以说是令人耳目一新了。

最早对仰韶文化来源问题进行实质性研究的是北京大学的苏秉琦先生，他在 1965 年发表的观点中已经注意到宝鸡北首岭下层和华县（现为渭南市华州区，下同）元君庙下层与仰韶文化之间的渊源关系。后来的一系列新发现表明，至少在陕西和河南两大区域内，传统上认识的仰韶文化并不是只有一个来源。有研究者指出，从发展序列看裴李岗和磁山两种文化早于仰韶文化，它们的某些因素又见于仰韶文化的早期遗存中，这为仰韶文化的起源研究提供了新证。

在 20 世纪 80 年代，学术界已经达成的共识是：在仰韶文化分布地域内陆续发现了老官台文化、磁山文化和裴李岗文化，仰韶文化直接脱胎于这三种早期新石器文化，是在这三种文化的基础上发生发展起来的。这些发现证明，仰韶文化是在中国黄河流域的土地上孕育和发展而来的史前文化，是在中国大地上土生土长的。

20 世纪末，由于陕西临潼零口、山西垣曲古城东关和枣园等遗址的发现，在介乎老官台文化和仰韶文化之间又确立了一种新的遗存，让人们看到了仰韶文化探源研究的新希望。

探求一条河流的源头，是往河流最远的延伸方向横向寻找；探求一种考古学文化的源头，却是往这种文化早期发展的最近方向纵向寻找。这两种探源各有特点，相比而言，考古学文化的探源可能会更为困难一些。干流上有千万条支流，那条主源其实与许多的支流非常相像，人们会误将某条较大的支流认作源头，特别是在主源还没有进入视线的时候，这是不可避免的。

五、仰韶文化分布范围和主要遗址

仰韶文化的地理分布范围很大，不同的学者眼中，这个分布范围各有区别。

因为对仰韶文化的界定存在着分歧，所以对于它的分布范围研究者们也有着明显不同的看法。不少研究者认为仰韶文化的分布范围很

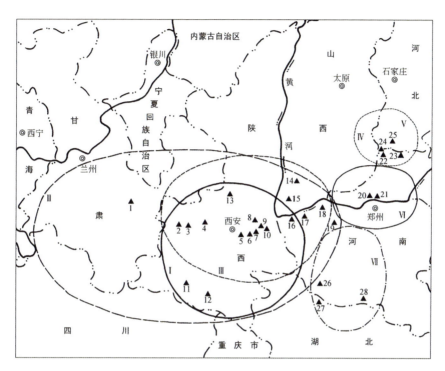

仰韶文化及外围诸文化分布图（据《中国考古学·新石器时代卷》，中国社会科学出版社，
2010 年）

I. 半坡文化　Ⅱ. 庙底沟文化　Ⅲ. 西王村文化　Ⅳ. 后岗一期文化　Ⅴ. 大司空文化　Ⅵ. 大河村文化　Ⅶ. 下王岗文化

1. 秦安大地湾 2. 宝鸡北首岭 3. 宝鸡福临堡 4. 扶风案板村 5. 西安半坡 6. 临潼姜寨 7. 渭南史家村 8. 华县泉护村 9. 华县元君庙 10. 华阴横阵村　11. 南郑龙岗寺　12. 西乡何家湾 13. 铜川瓦窑沟 14. 夏县西阴村 15. 芮城东庄村和西王村 16. 陕县庙底沟 17. 渑池仰韶村 18. 洛阳王湾 19. 汝州阎村　20. 荥阳秦王寨 21. 郑州大河村　22. 安阳后岗 23. 濮阳西水坡　24. 安阳大司空 25. 磁县下潘汪 26. 淅川下王岗 27. 郧县大寺 28. 邓州八里岗

广，影响面也很大，文化的分布范围随着年代的早晚而显现出一定的区别，在分布地域上有由狭到广的变化趋势。调查发现的数以千计的仰韶文化遗址，主要分布在陕西、河南、山西这三个省区内，此外在甘肃、湖北、河北和内蒙古临近中原的边缘地区也有分布。

仰韶文化早期的分布范围，大体以渭河流域为中心，东起太行山西侧，西至渭河上游，南到汉水中游，北限有人认为已深入河套地区。

晚期的分布范围稍有扩大，往东可达太行山东麓至冀北一线，往西已入青海东部。另外有些研究者划定的仰韶文化的分布范围还要广大一些，认为是以陕西、河南和晋南为中心，西达河西走廊，东至鲁西地区，北至河套一带，南抵汉水流域。各地遗址的分布，由于地域的不同，又划分为几个不同的文化区域，包括关中－陕南－豫西－晋南区、洛阳－郑州区、豫北－冀南区、丹江区、陇东区、张家口区、河套区等。

将仰韶文化的内涵扩展得过于繁杂，分布范围划得过于宽泛，会使得仰韶文化的特征越来越不明显。仰韶文化主要分布在黄土高原及附近地区，在这个范围之外的表现有相似特点的文化遗存，是仰韶文化影响的结果，重要的是这些外围遗存的来源与中心区域的仰韶文化并不完全相同。

仰韶文化及相关的外围遗存的典型遗址，有陕西的西安半坡、宝鸡北首岭、宝鸡福临堡、扶风案板村、彬县（现为咸阳市彬州市，下同）下孟村、临潼姜寨、华县元君庙、华县泉护村、华阴横阵村、渭南史家村、铜川吕家崖、西乡何家湾、南郑龙岗寺、商县紫荆，山西的夏县西阴村、芮城东庄村和西王村、翼城北撖，河南的陕县（现为三门峡市陕州区，下同）庙底沟、渑池仰韶村、洛阳王湾、荥阳秦王寨、郑州大河村、荥阳点军台、淅川下王岗、安阳后岗、安阳大司空、濮阳西水坡，河北的磁县下潘汪、磁县界段营、正定南杨庄，甘肃的秦安大地湾、秦安王家阴洼，湖北的郧县（现为十堰市郧阳区，下同）大寺等。其中最重要的典型遗址和曾经作为仰韶文化研究的重点遗址和墓地，主要有 20 多处。鉴于这些遗址在本书中会经常提到，下面我择要罗列，读者朋友有必要做一大致了解。

北首岭遗址：面积约 6 万平方米，由中国社会科学院考古研究所等在 1958—1960 年和 1977—1987 年间进行了 7 次发掘，发掘面积约

5000 平方米。发现房屋居址 50 座，墓葬 451 座，还有陶窑和排水沟等遗迹，出土大量陶器、石器和装饰品。遗址的堆积中期为半坡文化，晚期为西王村文化，早期为前仰韶文化的"北首岭类型"。早中期都有墓地，晚期为村落遗址。

福临堡遗址：面积 18 万平方米，1984—1985 年由宝鸡市考古工作队和陕西省考古研究所宝鸡工作站联合发掘，发掘面积 1344 平方米，揭露的遗迹有房址、陶窑、灰坑和墓葬。遗址分属庙底沟和西王村文化，还发现了一个介乎二者之间的过渡层次，45 座墓葬属半坡文化。

下孟村遗址：面积 15 万平方米，1959—1963 年由陕西省考古研究所和西北大学联合发掘。遗址主要堆积分属于半坡和庙底沟时期，最下面还发现前仰韶文化遗物。清理的遗迹有房址、窖穴和陶窑，出土不少陶器和骨器等文化遗物。

瓦窑沟遗址：面积 5 万平方米，1991 年由陕西省考古研究所发掘，发掘面积 8000 平方米。遗址主要为半坡文化堆积，清理 23 座房址、70 座墓葬和 46 座瓮棺葬，发现有小围沟圈起来的儿童瓮棺葬墓地。这里也是一处有环壕的聚落遗址。

案板村遗址：面积 70 万平方米，1984—1987 年由西北大学历史系发掘，发掘面积 1625 平方米。上层为龙山文化堆积，仰韶文化堆积分属庙底沟和西王村时期，发现有作为祭仪使用的大型房址，出土的陶塑人像很有特色。

半坡遗址：面积约 5 万平方米，在 1954—1957 年间中国科学院考古研究所进行了 5 次发掘，发掘面积 1 万平方米，1971 年西安半坡博物馆又进行过小规模发掘。这是一个具有完整布局的村落遗址，揭露房址 46 座、墓葬 247 座、陶窑 6 座，出土了包括陶器、石器和骨器在内的大量文化遗物，还有丰富的农作物和包括家畜在内的动物遗存。

　　姜寨遗址：面积约 5 万平方米，西安半坡博物馆等在 1972—1979 年间进行了 11 次发掘，发掘面积 1.7 万余平方米。文化堆积包含仰韶文化的半坡、庙底沟、西王村几个主要阶段的遗存，发掘揭露出一座包括居住区、窑场和墓地的半坡时期大型聚落遗址，出土大量文化遗物。

　　元君庙墓地：面积 600 平方米，1958—1959 年由黄河水库考古工作队发掘，整个墓地已全面揭露。清理半坡时期墓葬 57 座，多数为多人二次合葬，墓穴排列整齐有序，合葬有一定的规则。随葬品有生产工具、陶器、装饰品和食物，以日用陶器为主。

　　泉护村遗址：面积 60 万平方米，1958—1959 年由黄河水库考古工作队发掘，发掘面积 6000 余平方米。遗址的仰韶层堆积属庙底沟时期，发现有半地穴方形房屋基址和成组的陶窑群，出土的花卉与鸟纹图案彩陶为庙底沟时期彩陶图案的典型代表。

　　横阵村墓地：面积 12 万平方米，1958—1959 年由黄河水库考古工作队发掘，发掘面积 1000 平方米，揭露了一处较为完整的半坡时期墓地，清理墓葬 24 座，还有灰坑葬，另见瓮棺葬 5 座。墓葬以多人二次合葬为主，其中 3 座大坑套小坑的大合葬最引人注目，合葬者达 40 多人，许多研究者都认为这是复原仰韶时期家族制度的重要资料。

　　史家村墓地：面积约 2 万平方米，1976 年由西安半坡博物馆进行发掘，发掘面积 250 平方米，揭露出一处半坡时期墓地。清理墓葬 43 座，40 座为多人二次合葬，每墓合葬者一般为 20 人左右，最多的达 51 人。多数墓中都发现了以陶器为主的随葬品，也有少量的生产工具。史家村墓地的文化性质有半坡和庙底沟时期的双重特点，有的研究者或将它归入"半坡类型"，或单独命名为"史家类型"。

　　何家湾遗址：面积约 1 万平方米，1980—1982 年由陕西省考古研究所进行发掘，发掘面积 1475 平方米。遗址文化堆积下层为李家村文化，上层为半坡文化。发现半坡时期居址 35 座，墓葬 156 座，瓮棺葬 21 座。这是分布在汉水流域典型的半坡文化遗存，出土不少精致的文化遗物。

龙岗寺遗址：面积约 7500 平方米，陕西省考古研究所于 1983—1984 年进行发掘，发掘面积 1800 余平方米。遗址文化堆积与何家湾相似，下层为李家村文化，上层为半坡文化。发现半坡时期墓葬 423 座，其中土坑墓 409 座，瓮棺葬 14 座。土坑墓以单人葬为主，有 11 座为二人以上的多人二次合葬，也发现大坑套小坑的合葬形式。

西阴村遗址：面积 30 万平方米，1925—1926 年由李济主持进行首次发掘，发掘面积约 40 平方米；1994 年山西省考古研究所进行了第二次发掘，发掘面积 576 平方米。主要堆积属庙底沟文化，还有少量西王村文化和庙底沟二期文化堆积。发现庙底沟时期房址和壕沟，未见完整聚落遗址，出土大量彩陶等文化遗物。

东庄村和西王村遗址：两处相距 20 多公里，由中国科学院考古研究所在 1958—1960 年间发掘。东庄村遗址面积 12 万平方米，发掘面积 1180 平方米。遗址的仰韶层属半坡时期，发现有多人二次合葬墓和数座陶窑遗迹。西王村遗址面积 10 万平方米，发掘面积近 400 平方米。仰韶文化堆积的下层属庙底沟时期；上层面貌有明显不同，具有与半坡和庙底沟时期相区别的陶器群，如浅腹盆、小平底碗、深腹瓮、镂孔豆和长颈尖底瓶等，所以后来提出了"西王村类型"的命名。

北橄遗址：面积 40 万平方米，山西省考古研究所在 1990—1991 年间进行了 2 次发掘，发掘面积 775 平方米。下层为与半坡文化相似的堆积，发现房址 6 座，墓葬 7 座，其中 6 座为儿童墓葬，埋葬在房址附近，但没用瓮棺。上层为庙底沟文化堆积，发掘到数量不多的房址和墓葬。

庙底沟遗址：面积约 24 万平方米，1956—1957 年由中国科学院考古研究所进行发掘，发掘面积近 4500 平方米。下层堆积为庙底沟文化，发现遗迹不多，但出土陶器等文化遗物十分丰富，以彩陶曲腹钵与曲腹盆、双唇尖底瓶、鼓腹罐、釜、灶为代表的陶器群具有明显的特色，使它成为仰韶文化繁荣时期的代表性遗址。

王湾遗址：面积 8000 平方米，北京大学历史系考古专业在 1959—1960 年间进行了 2 次发掘，发掘面积 3350 平方米。下层为仰韶文化堆积，发现房址 7 座，墓葬 25 座，瓮棺葬 43 个。遗址的第二期文化堆积介于仰韶和龙山之间，研究者一般还是将它归入仰韶晚期，曾将它命名为"王湾类型"。

大河村遗址：面积达 30 万平方米，文化堆积厚达 7 米。1972—1987 年间进行了 21 次发掘，发掘面积约 5000 平方米。遗址前四期堆积原被划属仰韶文化，一、二期相当于王湾一期文化，三、四期则与庙底沟文化比较接近。以三、四期的遗迹遗物最为丰富，三、四期发现单间和连间的房址 20 多座、瓮棺葬 70 多座，出土大量文化遗物。遗址还发现有更早的文化堆积。不少研究者认为大河村遗址的前龙山文化遗存与仰韶文化关系密切而又另具特点，所以同类遗存可以命名为"大河村文化"。

后岗遗址：面积 10 万平方米，于 1931 年进行了首次发掘，后来又发掘过多次，主要由中国科学院考古研究所承担，发掘面积在 600 平方米以上。遗址因最初发现"仰韶 – 龙山 – 商文化三叠层"而著名，第一期文化遗迹只见到一些保存不好的房址和墓葬，但出土文化遗物比较丰富。它因与半坡文化表现出相似因素而被称为仰韶文化的"后岗类型"，后来对它的认识又有了变化，认为是与仰韶不同谱系的另一种文化，所以命名为"后岗一期文化"。

西水坡遗址：面积 5 万平方米，于 1987—1988 年进行发掘，发掘面积 5000 余平方米。主要堆积被划属为仰韶文化的"后岗类型"。

1988 年发掘墓葬 148 座，瓮棺葬 38 座，另有少量陶窑和房址。这里最引人注目的发现是发现了多组蚌塑龙虎等动物图形，揭示了史前宗教与艺术的深刻主题。

下王岗遗址：面积 6000 平方米，由河南省博物馆文物工作队于 1971—1974 年进行发掘，发掘面积 2300 余平方米。遗址下层发现居址 43 座，墓葬 575 座，瓮棺葬 22 座，揭露的晚期大型长屋居址最为重要。下层堆积被划属为仰韶文化。

大寺遗址：面积 5000 平方米，1958—1964 年由中国科学院考古研究所长江工作队进行了 5 次发掘，发掘面积 345 平方米。下层属仰韶文化，中上层为屈家岭和龙山文化。仰韶层的时代与半坡文化接近，内涵与下王岗文化早期一致，发现墓葬 10 座，其中包括多人二次合葬墓 3 座。

大地湾遗址：面积 12 万平方米，甘肃省文物工作队于 1978—1984 年进行多次发掘，发掘面积 1.37 万平方米。遗址下层为前仰韶文化堆积，其次为仰韶文化和早期龙山文化堆积，仰韶层包括了半坡、庙底沟和西王村三个时期的遗存，发现有墓葬和大型建筑遗迹。

王家阴洼遗址：这是正式发掘的分布在西限的一处山地仰韶文化遗址，1991 年由甘肃省博物馆发掘，发掘面积 600 多平方米。主要遗存属半坡文化晚期，清理墓葬 63 座，以单人葬为主，多数墓葬的方向与其他同期的仰韶遗址不同。

六、仰韶时代：距离今天有多久远

仰韶文化那么丰富，又属古老的考古学文化，那么仰韶有多古老，距离我们今天有多久远呢？

一般的考古学家，尤其是从事史前学研究的考古学家，都具备一

种特别的年代学判断能力，他们大多对研究的古代文化遗迹和遗物中
诸对象所属的时代，可以做出较为准确的年代推断。对过去而言，年
代学判定带有很强的经验性，这种经验的积累通过几代学者的努力以
后，会变得越来越成熟，结论也会越来越可靠。

　　考古学文化的年代学研究，包括相对年代和绝对年代两个方面的
内容，所依据的主要方法是考古类型学和地层学。在碳 –14 技术运用
之前，学者们对中国史前文化年代的判定，虽然能常常列出一些绝对
年代数据，但在列举这些数据时，其实连他们自己在内，心里也未必
是踏实的。研究者们很明白，那些可以精确到百位的数据，并非研究
对象真实的绝对年代，它们或是由地层关系出发判定的，或是由器物
类型学比较研究途径推导出来的，无一例外。这样的绝对年代数据，
其实只具有相对年代的意义，它有非常大的随意性和不确定性。

　　仰韶文化的年代学研究，也经历了这样一个过程，从它被发现的
时候起，学者们就根据各自的推断，公布了各种绝对年代数据。这依
据各种经验式方法推断仰韶文化年代的研究方式，自发现仰韶文化开
始足足持续了半个世纪之久，许多各不相同的年代数据表令人莫衷一
是，如仰韶文化上限的年代推断，不同研究者所列数据之间最大的距
离可以达到几千年。

　　20 世纪 70 年代以后，由于碳 –14 测定年代方法的广泛应用，研
究者们获得了大量绝对年代数据。新石器文化的年代学研究有了更为
科学可靠的依据，仰韶文化新的绝对年代表开始建立在研究者们都能
接受的基础上，而且随着测定数据的增加而逐渐完善起来。

　　仰韶文化的年代，由于大量碳 –14 数据资料的积累，我们现在可
以得到比以往任何时候都要准确的绝对年代数据。

　　半坡文化的碳 –14 年代数据，经过高精度校正的数据多数在公

元前 4700—前 4200 年之间。半坡文化的年代最终可以判定为公元前4900—前 3800 年之间，延续时间达 1000 年以上。

庙底沟文化的碳 –14 年代数据，判定庙底沟文化的年代为公元前3900—前 3600 年之间，上限与半坡文化年代的下限略有重合，延续达300 年以上。

西王村文化的碳 –14 年代数据，判定西王村文化的年代为公元前3600—前 2900 年之间，其上限大体与庙底沟文化的下限相衔接，延续达700 年以上。

以半坡 – 庙底沟 – 西王村文化为内涵的仰韶文化的年代，取半坡文化的上限为公元前 4900 年，和西王村文化的下限为公元前 2900年，跨度大致在公元前 5000—前 3000 年之间，延续发展达 2000 年上下。也即是说，它在公元前约 5000 年承续前仰韶文化而来，在公元前3000 年以后演变为龙山时代文化而去，它是黄河中游地区延续发展了20 个世纪的一支重要的新石器时代文化，可统称为"仰韶时代"。

让数据说话，以数据确定考古学文化的年代，碳 –14 测定年代技术的发明与应用，确实带来了史前考古学的一次革命性的转变。也许在将来考古学又会拥有一种或多种更精确更可信的测年技术，那时就会有一张新的仰韶文化年代表出现在人们面前。

七、仰韶三段论：半坡 庙底沟 西王村

仰韶文化分布范围广大，遗址众多，差异明显，文化命名纷繁，持续 2000 年之久，自然就带来年代相对早晚和发展阶段的讨论。

仰韶文化发展阶段的研究，是由西安半坡遗址的发掘开始的。起初发掘者将半坡的仰韶文化堆积划分为早晚两期，后来又有人将半坡

的堆积划分为三期或四期，甚至甄别出来不同的文化遗存，提出了一期属老官台文化、二期为半坡类型、三期为庙底沟类型、四期为半坡晚期类型的认识。

仰韶研究一般分为半坡、庙底沟、西王村三段，半坡、庙底沟、西王村文化的相对年代关系：半坡文化为早期，庙底沟文化为中期，西王村文化为晚期。这三期的发展变化主要表现在以下几个方面：

1. 房屋建筑形式与技术——半坡文化为半地穴式，一般为单间，无墙，平面有圆形和方形两种；庙底沟文化仍以半地穴式为主，出现地面建筑，发明了柱础和木骨泥墙技术，平面以方形为主，面积较大；西王村文化以地面建筑为主，出现分间和套间建筑，有成熟的筑墙技术，可以营建大型公共建筑。

2. 石器工具制作——半坡文化打制石器稍多，多数磨制石器仅磨

庙底沟遗址房址（三门峡庙底沟博物馆提供）

光刃缘，通体磨光的不多，器体缺乏棱角，器形以锛斧多见；庙底沟文化石器以磨制的为主，一般都通体磨光，钻孔技术运用普遍，新出现的器形有大石铲和石刀；西王村文化打制石器极少，绝大多数为磨制石器，器体棱角分明，出现石镰和穿孔石刀。

3. 陶窑与制陶技术——半坡文化陶窑以横穴窑为主，有个别竖穴窑，结构比较简单，容量也较小；陶器全部采用手制，少数器口采用了慢轮修整技术。庙底沟文化的陶窑结构有了明显进步，横穴窑筑有环形火道，火道上设算子和火眼，使窑火得到有效控制；陶器以手制为主，器口较多地采用了慢轮修整技术。西王村文化陶窑火膛缩短，出现多股火道，窑室容量增大；广泛采用慢轮修整技术，陶器修整的部位也不只限于口沿部位了。

4. 主体陶器群——半坡文化陶色以红陶为主，晚期有少量灰陶，陶胎较厚，陶器群为钵、盆、罐、瓶、瓮和壶，器物造型比较简单，口沿变化不大，直口器为大宗。流行圜底器，器体以圆弧形为主，没有明显的棱角；庙底沟文化的陶色与半坡时期接近，陶胎较半坡文化的薄，陶器群为碗、盆、钵、瓶、罐、杯、盘、甑、釜和灶；西王村文化陶色仍以红陶为主，灰陶比例增大，陶器群为盆、钵、碗、瓶、杯、盘、豆、罐和缸。

5. 典型陶器的演变——以尖底瓶和钵为例。半坡文化钵为直口或微敛的圆腹圜底，尖底瓶为双耳、杯形口、短颈、鼓腹或溜肩瘦腹；庙底沟文化钵为曲腹或折腹、敛口平底，尖底瓶为双唇口、瘦腹、无耳；西工村文化钵为斜腹平底或假圈足，尖底瓶为喇叭口束腰，双耳或无耳。

6. 陶器装饰风格——半坡文化陶质分细泥和夹砂两种。夹砂陶部分为素面，很多都拍印有不太清晰的绳纹，少部分饰弦纹；泥质陶一般内外都经打磨，表面光滑平整，有的绘黑彩或饰戳印纹。半坡文

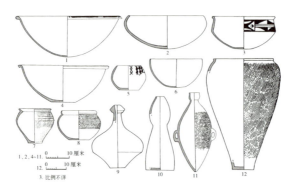

半坡文化陶器

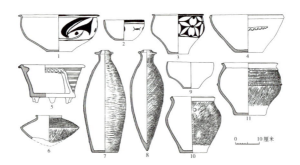

庙底沟文化陶器

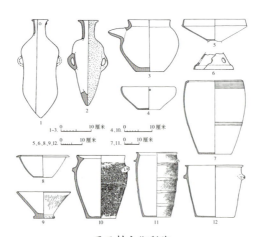

西王村文化彩陶

（以上据《中国考古学·新石器时代卷》，中国社会科学出版社，2010年）

陶器纹饰主要为绳纹、线纹、弦纹、锥刺纹。庙底沟文化夹砂陶饰较清晰的线纹，还有弦纹和附加堆纹，不见半坡文化的戳印纹和粗绳纹；泥质陶多饰线纹，细泥陶一般打磨光滑，有数量较多的彩陶，也有的饰弦纹。西王村文化陶器主要有绳纹、附加堆纹、篮纹，还有方格形和镂孔。

这些观察与描述，是考古研究必不可少的环节。

八、求索一世纪

在安特生于 1921 年发现仰韶文化之后，中国考古学家经过一个世纪的辛勤劳作，开展了许多次大范围的田野考古调查和发掘，仰韶文化及受仰韶文化明显影响的遗址已发现数千处。它的分布以陕西、河南、山西、甘肃东部为中心，文化影响所及，远达青海、湖北、河北、山东和内蒙古边缘地区。

作为中国史前考古学研究的中心课题，仰韶文化的研究经历了 100 多年的发展过程。考古学家严文明先生对 20 世纪仰韶文化的研究概括为四个时期。第一时期为 20 世纪 20 年代，发现了仰韶遗址。第二时期为 20 世纪 30 年代，将龙山文化与仰韶文化区分开来。第三时期为 20 世纪 50 至 60 年代之际，确立了仰韶文化的主要类型。第四时期为 20 世纪 70 至 80 年代，完成了仰韶文化的分期研究。

一些学者先后提出了"仰韶时代"的概念，将公元前 5000—前 3000 年的新石器文化作为一个大的时段进行了系统研究。

研究中获得了大批碳 –14 年代数据，绝对年代的研究成为现实。其他自然科学技术的运用，促进了研究的深入发展。专题研究涉及的内容比较广泛，主要有聚落形态、农业起源、生产工具、制陶工艺、彩陶、埋葬制度、社会发展阶段、文化源流等，通过多角度的全面深入研究，对仰韶文化的了解更加全面透彻。在中国新石器时代考古研究中，仰韶文化发现时间最早，发现遗址最多，研究最深入，影响也最广泛。

在这个世纪里，对于中国这块土地上古老时代发生的事情，我们验证了一些旧的知识，更获得了一大批崭新的知识。

我们可以找到今天尚存的许多传统的文化之根，品悟与祖先心有灵犀的那一线悠长亲情。特别是 20 世纪 50 年代以来，几乎每过一个 10 年，考古学家都要带给我们一串惊喜，带给我们耳目一新的感受，带给历史教科书修订补充的契机，同时也带给历史和文献学家以及考古学家自己无穷的新灵感和新话题。

在仰韶村遗址发现百年之后，遗址还在进行新一轮发掘，又有了许多新的发现。这使我再次清醒地认识到，对仰韶文化的研究，对我们脚下这片先祖生活过的地方，我们还是了解得太少，这就需要我们一代一代的学者，接续努力，上下求索。

饥饿的猎人中
如何走出了农人
驯化出谷物
开创了食物新滋味
耕种收获
碾出的小米粒粒金黄
生命养护功盖天宇
种植业或许真是妇女的发明

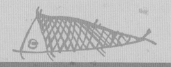

一、饥饿的狩猎者

"人类不是生来就清白无罪的。"为了说明人类早期的狩猎生活内容，有的人类学家曾发出过这样的感叹。还有的人类学家甚至做出过这样的形象比喻：原始人类生活的整个更新世，不断沿着一条石头和骨头的踪迹前进，石头就是人类的武器，而骨头则是人类的庖厨垃圾。人们用石头做武器，猎取各种动物为食，维持自己的生存。

最早的人类是从动物群中走出来的，虽然不再与动物为伍，但为了生存与发展，依然要与动物同行，他们要从动物身上吸取相当部分的能量。这使得他们一代一代地成了狩猎者，用动物的血肉强壮自己的体魄。

为了确定人类何时开始运用采集狩猎方式维持自己的生存，古人类学家仔细分析化石及考古资料中透露出的信息。生活在不同环境中，会有不同的食物来源，采集和狩猎的对象有着明显的区别。人类学家们发现在多数现存的采集狩猎者社会中，有明确的劳动分工，女人负责采集植物类食物，男人几乎个个都是猎人。考古已获得许许多多的证据，为了解史前猎人的行为提供了足够的资料。

人类最早的狩猎方式，有追赶、围捕、设置陷阱、击打等。到了旧石器时代中晚期，一些专用的狩猎武器被人类发明了，投枪、石球和弓箭成为猎人手中的新型武器。在山西峙峪和下川两处旧石器遗址都出土了石片打制的箭头，弓箭的使用，在旧石器时代是一件非同寻

原始先民狩猎复原图（吴晓春　摄）

常的事，有的学者将它的发明作为"蒙昧时代高级阶段开始的标志"，也是旧石器时代的猎人走向成熟的标志。

　　旧石器时代的狩猎活动，对人类社会及人类自身的发展带来的影响是巨大的，狩猎行为的终极目标是开拓食物资源，但它起到的作用却比这要大得多。人类在追寻猎物的过程中，逐渐加深了对自然界的了解，他们要弄清各种动物生存与活动的规律，确定捕获的地点与时机。人类还要根据不同的狩猎对象，设计不同的捕获方法，对工具加以改进。在追捕猎物的过程中，人类知道自身的奔跑速度不如动物快，急切寻求超越自身、超越动物速度的武器，石球、投枪、弓箭就是在这样的思考中发明的。在长途追猎中，猎手们要携带足够的水，于是发明了皮囊之类的容器。狩猎行为就是这样发展了人类的智力，使手与脑的配合越来越协调。肉食不仅促进了脑与手的进化，也促进了工具的进步。

　　获取肉食的生存活动，还要有意义重大的社会结构和合作。有效

石球
河南三门峡庙底沟遗址出土

流星索
石球是流星索的"子弹"。流星索
是以绳索（或皮条）系住石球而
成。其特点是使用时将石球连同绳
索一起抛出，通过石球击或绳索捆，
来猎获野兽。

石网坠
河南三门峡庙底沟遗址出土

的出猎，要有恰当的组织方式，有时甚至在不同的组群之间产生协作关系，人类在共同的狩猎活动中发展了交往技能。

狩猎活动在人类进化过程中的作用十分重要。达尔文在《人类的由来》一书中曾明确提出了这样的观点：用人造武器狩猎是人类之所以真正成为人的因素之一。这个道理是再明白不过的了，饥饿的狩猎者行猎的结果，不仅仅解决了饥饿问题，还改变了人类自己。

二、从渔猎到畜养

旧石器时代狩猎者的传统毫无疑问地延续到了新石器时代。我们发现，早期新石器文化的面貌呈现有相当强烈的采集狩猎经济色彩，虽然农业与家畜养殖均已出现，但人类食谱中的肉食来源仍然还要依靠狩猎。到了新石器时代中期以后，饲养业有了进一步发展，家畜在人类肉食中的比重有了明显增加，不过狩猎还在发挥着一定作用。

中国新石器时代居民的猎获物主要有鹿科的梅花鹿、水鹿、獐、马鹿、麋鹿，犬科的貉、豺、狼、狐，猪科的野猪，甚至还有熊科动物。鹿科动物的味道应当是很美的，它在一些新石器遗址中发现的数量相当可观，仰韶文化临潼姜寨遗址的鹿科动物多达 167 个，浙江余姚河姆渡遗址出土的鹿科动物的角和下颌骨多达 2100 件。

渔捞活动为人类的生活开辟了又一个重要的资源，这一传统也承自旧石器时代。新石器时代的居民采用钓、叉、网、捞的方法，获取大量水生动物作为自己生活的补充。据统计，在他们生活过的遗址发现的水生动物遗骸有 50 多种，有各种贝类、蟹类等无脊椎动物，有鲨、鲟、鲤、鲫、鲷、鲛等鱼类，还有包括各种龟、鳖乃至鳄鱼在内的爬行动物。

原始先民投叉击刺复原图（吴晓春　摄）

　　就仰韶文化居民的经济生活而言，渔猎活动还占有相当的比重。仰韶人的狩猎工具，由西安半坡遗址出土的情况看，箭镞最多，有近 300 件，其中半数为骨镞；用于渔捞的工具有骨鱼钩、鱼叉和大量的网坠。临潼姜寨遗址出土的渔猎工具有箭镞 165 件，另有骨叉骨矛 46 件。宝鸡北首岭遗址出土骨镞 80 件，陕县庙底沟遗址出土骨镞 71 件。这些数字表明，射杀类器具是仰韶人惯常使用的狩猎武器，应当算是一种轻武器。

　　谷物在作为比较稳固的食物来源以后，人类并没有变成完全的素食者，他们时常还要想起肉食的美味，他们还想让某些动物能充当自己的助手，于是就发明了家畜养殖业。

　　在中国古代，人们以为最先开始驯养家畜的是我们的人文初祖伏羲，唐司马贞的《三皇本纪》中就有这样的说法。在有些民间传说中，还有说女娲造人的同时又造了六畜。这样的传说将家畜起源的年代追

骨镞
河南灵宝西坡遗址出土

溯到远古,道理上是站得住的。

家畜的起源,据有些研究者的结论,似乎还要早于农耕出现的时代。也有人说,是农耕的出现才使家畜的驯养成为可能。有一种理论认为,种植业的发明可能是家畜养殖的需要,当初的收获物都是用于动物的饲养,后来逐渐驯化成食用谷物,作为人类自己的食粮。

仰韶居民饲养的家畜,据出土的动物骨骼鉴定,主要有猪和狗两种,此外还有鸡、羊和黄牛。

中国新石器时代较早驯化的家畜是狗,狗的祖先是狼,由凶狠的狼驯化为忠诚的狗,显然是猎手们的功劳。猎人们围猎和追猎的最好助手,就是他们精心培育的狗。在中国发掘的多数新石器时代遗址中,都见到了狗的遗骸,最早的年代为距今7000—8000年,属磁山、裴李岗和河姆渡文化。仰韶文化遗址所见狗骨较小,据研究应是体格中等的猎狗。狗骨在一般遗址中出土的数量很少,表明它没有被大量饲养,

猪下颌骨

河南舞阳贾湖遗址出土

猪纹陶钵

浙江余姚河姆渡遗址出土

多数情况下应是作为猎狗使用的。

　　在史前从事农耕的部落中，最重要的家畜是猪。家猪驯化的年代可能与狗大体同时，中国新石器时代遗址普遍出土了它的骨骸。河北徐水南庄头遗址出土了距今 1 万年前的家猪遗骸，仰韶文化和河姆渡文化居民都饲养有家猪。家猪骨骸发现的数量也不多，个体较小。从姜寨遗址的资料看，家猪半数的死亡年龄在 1—1.5 岁之间，83% 的家猪都没有长到 2 足岁。许多文化共同体的居民都有用猪做随葬品的习俗，人们食猪肉，用猪做举行祭典时献给神灵的供品。

　　考古发现表明，中国史前南北方的家畜品种也存在一定的差异。南北方新石器时代居民都饲养狗和猪，而且都是以猪为主要养殖对象，区别在南方有水牛，北方有鸡，都有 7000 年以上的驯化历史。南方的彭头山文化遗址发现了家养水牛的骨骸，目前还不能判别是肉牛还是役牛。

　　在山东滕州北辛遗址，在一些窖穴的底部有动物粪便层，这种窖穴应当就是圈养牲畜的圈栏，年代有 7000 年。在浙江余姚河姆渡遗址也见到两座小型家畜栅栏遗迹，西安半坡遗址中有较大的牲畜圈栏遗迹。

在临潼姜寨遗址还发现了两座牲畜夜宿场，场上留有几十厘米厚的畜粪堆积，表明仰韶文化居民的家畜饲养有了一定的规模。在山东胶县（现为青岛胶州市，下同）三里河遗址的一座猪圈栏遗迹的底部，发现了5具完整的小猪遗骸，这座猪圈可能是因为突如其来的原因被废弃了。

到了新石器时代末期的龙山文化时代，北方又成功驯化了猫、山羊与绵羊，可能还驯化了马，南方是否同时也有这些家畜尚不十分清楚。

中国古今将传统饲养的家畜统称为"六畜"，指的是马、牛、羊、鸡、犬、豕，农人们不仅盼望五谷丰登，也盼望六畜兴旺。在新石器时代结束之前，传统的六畜都已驯化成功，后世的中国人所享用的肉食品种的格局与嗜食习惯，早在数千年前的时代就已形成了。

新石器时代虽然有了一定规模的家畜养殖，但是并不能满足原始农人肉食上的需求，他们仍然在一定程度上保留着从前的渔猎传统，以获取所需的肉食。于是在他们生活过的遗址中就发现了大量的野生动物骨骸。到了今天，野味仍然对人们的肠胃有很大的吸引力，我怀疑这与遗传因素有关，是先祖将他们的嗜好传给了我们。

三、从采集到种植

关于农业起源的问题，不少学者已做过深入研究，发表了很多或一致或不同的观点。作为一般读者，我们暂时可以接受这样的认识：

大约在1万年前，地球上的最后一次冰期结束之后，气候随之逐渐变暖，在改变了的环境中人类也慢慢改变着生产生活方式，世界各地在流浪中的采集与狩猎者集团，就这样独立发明了各种农业技术。随着环境的变迁和人口的增加，原有的采集与渔猎之类的攫取经济，越来越不能满足人类生存的需要，生活来源的不稳固，给先民带来了空前的烦恼。寻找新的生活来源，成了愈来愈紧迫的事情。不适宜做猎手的妇女，在年复一年的采集活动中，对植物的生长规律逐渐有了一些认识。春去秋来，开花结实，大地将它的果实给了人们。享用这些未经什么艰难而获得的食物，不仅给人们带来了果腹的欣喜，也带来了令他们不解的许多疑惑。作为老祖母、母亲和妻子的妇女们可能有过这样的思考：平凡无奇的土地，如何能冒出这么多好吃的果实？又如何能得到更多适合于保存的和那些更加可口的食物来养育子孙？

　　也许是将吃剩的植物籽实扔在驻地附近，经历了春雨夏阳秋风，于是出现了发芽、开花、结果的事，人们无数次地观察到完整的植物生长过程，常常收获到无意种出的果实，而且还是一些人们最爱吃的果实。也不知经过了多少代人的经验积累，也不知经过了多少难熬的饥饿，终于妇女们开始了最初的种植实验，她们成功了，人类收获到了自己第一次亲手播种培育的果实。

　　许多学者都认定妇女是最早的农人，农耕时代是妇女开创的。农耕文化的出现，被学者们看作人类文化与技术进步的结果，而不是生

月牙纹彩陶罐
河南渑池仰韶村遗址出土

物进化的结果。

　　我们可以做出这样的推测：人类最初的种植活动规模不会太大，而且多是在自己的居址周围进行。在逐渐取得一定的经验之后，就开始了较大规模的大田垦殖，并且筛选出了适宜种植的谷物与其他经济作物。

　　原始的农耕垦殖方式，经过了由火耕发展到锄耕的过程。据研究，中国锄耕农业的出现，应当不会晚于距今八九千年前。这时的农耕活动已有了较大的规模，已培育出了较好的栽培作物品种，收获量一般能满足人们的生活需要，有了一定数量的粮食储备。考古学发现的证据表明，中国新石器时代的粮食作物有粟、黍、稻、麦、高粱、薏苡和芝麻，另外还有 20 多种植物遗存，如油菜、葫芦、甜瓜、大豆、花生等，有的可能也属于栽培作物。

　　集中体现这种伟大成果的，是粟、黍、稻三大谷物的栽培成功。原始农耕时代的华夏先民，最早栽培成功的农作物，主要是粟和稻。

骨耜
浙江余姚河姆渡遗址出土

由于地理环境的差异，中国原始农业耕作自一开始，就形成了南北两个不同的类型。

长江中下游及南方地区，气候温暖湿润，雨量充沛，古今农作物均以水稻为主。考古学家发掘到大量的史前稻作遗存，时代最早的是在长江中游地区，年代在距今 1 万年以上，文化属旧石器向新石器时代的过渡时期。到了距今七八千年前的长江流域，水稻栽培已相当普遍。在一些新石器文化遗址中发现了大量的碳化稻壳堆积，有的陶器内还有残留的大米锅巴，有的陶胎内还有掺入的稻壳炭粒。在发掘浙江余姚河姆渡遗址的居住区时，发现堆积厚达 1 米的大量碳化稻谷、谷壳、稻秆，还发现了稻穗和米粒，计算认定这些稻谷总量在 120 吨以上，可见当时的产量已相当可观。

研究表明，史前黄河流域也曾有过一定面积的水稻栽培，它表明当时的黄河流域比起今天可能要湿润温暖一些。黄河流域最早的稻谷遗存发现在河南舞阳贾湖遗址，年代为距今 8000 年上下。仰韶文化居民也有栽培水稻的经历，在陕西华县泉护村发现过类似稻谷的痕迹，在河南郑州大河村遗址发现过稻壳痕迹。在龙山时代的豫、陕、鲁地区，都有零星的稻作遗存发现，但当时的栽培规模可能远不及长江流域。

在气候干燥的黄河流域广大干旱地区，史前农人最早栽培成功的谷物是粟。黄河流域原始农业文化的出现，估计可以早到 1 万年以前，与长江流域几乎难分高下。黄土高原土壤结构均匀松散，富含肥力，有一定的保水性能，有利于耐旱作物的生长。在黄河流域的一些早期新石器遗址里，考古发掘到了明确的旱作谷物粟的遗存，它们是世界上最古老的栽培粟，这表明黄河流域是粟的原产地。世界上其他几个重要栽培作物起源地，如西亚、印度河与恒河流域，都没有发现如此早的粟类遗存。粟由禾本科的狗尾草培育而成，生长期较短，耐干旱，

稻纹陶钵
浙江余姚河姆渡遗址出土

粟米遗存
陕西西安半坡遗址出土

生长前期要求温度渐高，光照加长；后期要求温度渐低，光照缩短，非常适宜在黄河流域栽培。

　　考古学家在中国数十处新石器遗址发现了粟的遗存，它们主要分布在黄河流域。年代最早的是河北武安磁山遗址的发现，在88座窖穴内发现的粟的堆积据测算有近10万公斤之多。在西安半坡遗址数座房址中的陶器内，都发现过碳化的粟。

　　黍，又称为穈子，脱粒后为黄米。它的生育期较短，喜温暖，耐干旱，耐盐碱，耕作技术要求不高，适宜于北方种植。黍的遗存已发现了十几处，多分布在北方地区。甘肃秦安大地湾遗址的发现年代最早，有不下8000年的历史。在陕西临潼姜寨仰韶文化遗址的陶器中，发现了黍的籽实。黍的栽培年代可能同粟一样古老，只是种植范围没有那么广泛。

　　北方地区稍晚栽培成功的谷物还有小麦，不断发现的考古遗址越来越清楚地表明了这一点。过去的研究认为，小麦最早在西亚栽培成功，在西汉初年传入中国。甘肃民乐的东灰山新石器时代遗址出土了栽培小麦数百粒，年代为距今 5000 年前；陕西武功的赵家来龙山文化遗址出土的烧土块上，见到了小麦秆的印痕。中国小麦可能最早是在西部高原驯化成功的，估计在距今 5000 年前引种到了黄河中游地区，但种植似乎并不十分普遍。

高粱性喜温暖，抗旱耐涝。一般认为高粱最先在非洲栽培成功，史前传入埃及，公元前后传入印度，3—4 世纪传入中国西南，直到元明时期才在全国范围内普遍种植。考古发掘到的证据是，中国新石器时代已有了高粱种植，黄河流域的若干新石器文化晚期遗址都见到了碳化高粱籽粒和皮壳。我们有理由认为，中国高粱是在比较干旱的黄土高原独立起源的，与非洲高粱没有什么关系。

除了谷物，中国史前时代还有一些其他栽培作物，如白家村文化的油菜，仰韶文化的芥菜，河姆渡文化的葫芦，良渚文化的瓠瓜、甜瓜、大豆，可能还有花生和芝麻。

考古发现的新石器时代农具，多为磨制的石器，也有一些木器、骨器和蚌器等。用于砍伐林木、开垦耕地的农具，主要有石斧、锛、锄、铲等；用于收割和谷物加工的农具，主要有刀、镰和磨盘等。裴李岗文化居民磨制的齿刃石镰十分精致，他们使用的石磨盘也极有特色。在西安半坡遗址出土的 700 多件农具中，近半数为用于砍伐的磨制石斧和石锛，有 30 多件石锄和石铲，还有用于收割的 150 多件石刀和陶刀。在临潼姜寨遗址出土石斧 150 件、石铲 127 件；北首岭出土石斧 63 件、石铲 33 件；河南陕县庙底沟遗址出土石斧和石铲共 31 件、石刀陶刀 200 多件，也都属于农业生产工具。

谷物生产从根本上改变了人类的饮食生活，这种比较稳固的经济来源，促成了人类长久的定居。农人的聚落出现了，在环境条件较好的地方人口密度明显增加了，这就必然带来了建筑在农耕基础上的人类文明。有了粮食储备的人类，将过去几乎全部耗费在寻觅猎物上的能量，投入到了新的工作中，于是他们的衣食住行等生活条件开始得以改善，他们的手工业和艺术的水准得以逐步提升。

石磨盘 石磨棒
河南新郑裴李岗遗址出土

石斧
河南灵宝西坡遗址出土

石刀

河南灵宝西坡遗址出土

石锛

河南三门峡庙底沟遗址出土

石铲

河南三门峡庙底沟遗址出土

舌尖上的仰韶

第三章

经历过茹毛饮血的年代

人类艰难生存

用陶器蒸煮

用陶鏊煎饼

那年月仰韶人还酿出了美酒

人神同欢

也不知是先醉了人

还是先醉了神

　　饮食是人类最本能的需求。人类自出现在地球上的那个时代起，就是在不断开发食物资源的过程中得到进步和发展的，同时在这个过程中创造和发展着璀璨的文化。食物资源的开发，在史前时代主要涉及采集渔猎、谷物栽培、家畜驯育等生产活动，烹饪方式也有石烹陶烹、水煮汽蒸等发展阶段，炊具食具也因之发展和改变。随着更多仰韶文化遗址的发现，它们犹如一块块拼图的碎片，经考古工作者小心地一一拼对之后，逐渐为人们还原出了几千年前我们的先民生动而细腻的生活图景。

一、从茹毛饮血到火食

　　烹饪并不是人类与生俱来的发明，它是人类物质生活发展到一定阶段的产物。在人类刚刚脱离动物界的蒙昧时代，食物原料就等于是美味佳肴，并不用通过任何烹调过程就可以送入腹中。到了后来，也只是偶尔用最简单的烧烤方式加工食物，没有什么调味品，也没有想到要使食物变得更美味诱人。

　　刚刚脱离动物界的人类，最初的饮食方式自然与一般动物没有什么明显区别，每当获取食物时，生吞活剥而已。在汉代及汉以前的古代文献中，形象地称这样的饮食方式为"茹毛饮血"。如《白虎通义》说，古之人"饥即求食，饱即弃余，茹毛饮血"；《礼记·礼运》说，古之时"未有火化，食草木之实，鸟兽之肉，饮其血，茹其毛"。由这些文字推测最早的人类社会，尚不知用火来做熟食的方法，所以饿了生吃鸟兽之肉与草木之实，渴了饮动物的血和溪沟里的水。人类生食的历史可能十分长久，生食的传统甚至局部保留到了现代。我一直以为，一些民族至今还保留的食用生料的习俗，可能是对远古生食的一种记忆。

人类的生食传统是古老的，我们还不能确知熟食时代是怎么到来的。熟食香美的滋味也许是最大的诱因，而火的应用则应当是最重要的前提条件。

人类最早使用的是天然火，包括火山熔岩火、枯木自然火、闪电雷击和陨石落地所燃之火等。人类起初见到熊熊烈火，同其他动物一样，总是避而远之，逃之夭夭。但是恐惧过后，他们在余烬中感到了温暖，也会发现一些烧死的野兽和烤熟的坚果，待取过一尝，别有一番滋味，可能由此受到启发，开始走上火食之路，这一定是经过了漫长的过程。

营养学认为，现代人类对大部分食物都不能生吃。相反地，所有动物几乎都是生食，多数动物都不适应熟食。人类与动物的这种差异，只有用进化论来解释。人类在进化中有一个从生食到熟食的演化过程，而人类对熟食的适应，使得现代人类对于生食的适应性几乎退化殆尽了，以致大多数食物不制熟就无法进食、不能消化。这些食物主要包括肉类、水产品、谷物等。

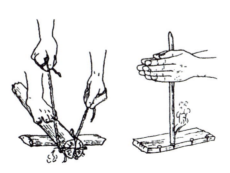

原始的取火方法（示意图）

　　人类对食物的消化，除了人体消化器官的生理作用，很大程度上要靠人体内各种消化酶的帮助，这是非常复杂而有序的系统。应该说，人类从生食到熟食的进化，实际上是人类消化系统适应能力的进化，也可以说是一种退化，因为人类后来只能适应在体外已改善了的半消化食品。

　　火是重要的生产工具，可用于狩猎，用于烧荒，火又是烹饪食物必不可少的。正像有些学者指出的那样，火的使用使人类开始吃熟的食物，熟食缩短了咀嚼和消化过程，分解了坚韧的肉和根茎类的纤维，使其成为氨基酸和糖，使食物柔软且在某些方面更富于营养，并减少了进食的时间和耗费的精力。食物的种类和范围也因之扩大，促进了人类体质的发展。我认为用火带来的第一个重要的结果，可能是人类食性的明显改变。过去人类一直以植物类食物为主，开始用火以后，动物类食物显著增加，人类食性因之完成了向杂食的完全转变。

二、仰韶人的食谱

　　今天吃什么？这个问题似乎困扰着当下的人们，食物的极大丰富使我们产生了选择恐惧症。那么，距今 7000 年到 5000 年的仰韶时代，我们的祖先每天会吃些什么呢？他们餐桌上的食谱又是怎样的？

　　通过星罗棋布的考古遗址发掘和科学研究，我们可以对之略知一二。仰韶时代，种植、饲养的发展使他们在丰收年景已不会忍饥挨饿，甚至还有一定的储备，但食品的丰富程度还远远不能给他们留下太多选择的余地。

　　仰韶文化的农业是典型的中国北方旱作农业，以粟和黍为主要农作物，所以粟和黍自然就是仰韶人最常吃的食物。它最常见的食用方式是把粟和黍熬成金黄油亮的小米粥、黄米粥，粟和黍才是他们碗中最常见的主食。粟是由狗尾草驯化而来，其形态还表现出了很多野生祖本的特征，它在仰韶人的餐桌上扮演了重要的角色。有学者根据水稻的发现推测出仰韶人已经吃上香喷喷的米饭，但真正的答案远远要复杂得多。

采集物在仰韶居民食谱构成中占比很高。从各处遗址发掘出土的榛子、栗子、松子、朴树子、橡子、菱角等来看，它们都是当时采集的对象，采集品中可能还包括鸟卵、蜂蜜、昆虫、植物块茎和野麻一类纤维植物。在半坡遗址的一个小陶罐内储存着芥菜或白菜籽一类的种子，说明半坡文化居民栽培园圃蔬菜，甜菜等藜科植物种子的先后发现也为其提供了证据。

仰韶人的肉食除了家养的猪、狗、鸡的肉，主要还依赖于渔猎捕获物，种类比较广泛。北首岭人的猎获物包括了兽、鸟、鱼、龟鳖和软体动物5大类18个种属，数量较多的有野猪、马鹿和狍，还有狗獾、狐、貉和棕熊；也有数量不多的虎、豹、豺、狼。半坡人的猎获物主要有斑鹿、獐、竹鼠、野兔、狸、貉、短尾兔、羚羊、獾、狐狸、雕及鲤科鱼类，还有大量的贝类水生物。姜寨人的猎获物主要有梅花鹿、獐、貉、狗獾、软体动物和鱼类。生活在汉水流域的何家湾人，猎获物有岩松鼠、黑熊、犀、野猪、林麝、獐、水鹿、马鹿、狍、羚羊、苏门羚和野牛等。龙岗寺人的猎获物，有野猪、猪獾、豪猪、狼、豺、野牛、水鹿、华丽黑鹿、狍、小鹿、林麝、岩鸽、白枕鹤、大白鹭、鳖、鲤鱼、蚌和中华圆田螺，以野猪和水鹿为主。下王岗人的猎获物有亚洲象、苏门犀、苏门羚、麝、斑鹿、梅花鹿、狍、水鹿、豪猪、野猪、猕猴、黑熊、虎、孔雀、鱼、龟、鳖、水獭、大熊猫、狗獾等。汉水流域的仰韶文化与同时期的其他居民的猎获物，在种类上与关中地区多少有些区别。

三、烹饪方式：烧烤　蒸煮　烙

　　农耕时代到来以后，谷物成为主要的食物。我们知道谷物是不宜生食的，两手空空的先民面对这样的难题，一定伤了许多脑筋，我们无法得知这个难题拖延了多少日月才得以解决。我们的先哲曾推测说，先民最初可能是借用了烧烤肉类的方法，将谷物放在烧热的石板上烤熟，如郑玄注《礼记·礼运》即说："中古未有釜甑，释米捭肉，加于烧石之上而食之耳。"这是古时对石烹时代的一种回忆。我曾根据一些民族学资料和考古学资料做过一些考证，对上古时代的种种石烹方式进行了粗略的描述。我注意到在不同地区不同种族中，所见的石烹方式惊人地相似，除了用人类曾普遍经历过这么一个烹饪阶段来解释，恐怕再找不到更好的答案了。不仅在少数民族地区，即使是在汉族地区，远古石烹传统也依然延续着。清代人著作中的"石子馍""石子炙"，可能就是上古石烹方式的遗留。

　　烧烤固然为永恒的烹饪方法，但对于谷物而言，却不是非常适宜的，有时会感到诸多的不便利。那又怎么办呢，谷物显然是不可舍弃的，人们认为应当寻找新的烹饪方式，让谷物变为真正的美味。

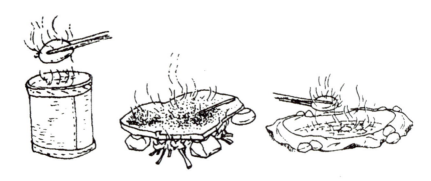

无陶石烹图（示意图）

弧腹红陶盆

河南三门峡庙底沟遗址出土

人面纹彩陶钵

河南三门峡庙底沟遗址出土

西阴纹彩陶钵

河南三门峡庙底沟遗址出土

　　也许陶器正是在人们这种对新烹饪方式的寻找中发明出来的，早期陶器器类多为釜、罐等炊具，这本身就是一个很好的说明。中国在新石器时代制成的陶质炊具主要有釜、甑、鼎、鬲、甗、鬶等，它们的功用主要是蒸煮，而不是炮炙，烹饪的对象不同了，烹法也就有了明显的改变。中国已命名的多数新石器文化中，都发现了形态各异的陶鼎，这些鼎除了作为炊器，还作为食器，我称之为"鼎食传统"，这传统对早期文明社会产生了很大影响。

　　我们现代人所熟知的甑，在陶器出现之初还没有发明，它是人们对谷物烹饪又有了新的要求后才创制出来的。在用釜鼎类炊具烹饪时，人们得到的只是粥与羹之类的流质食物。当先民对蒸汽有了认识，又希望得到口味不同的非流质食物时，就发明了甑。中原地区在仰韶时代已开始用陶甑烹饪，只是还不怎么普及，到龙山文化时代甑的使用就相当普遍了，在许多遗址里都出土了甑。

　　在种植水稻的长江流域，甑出现的时代要稍早一些，河姆渡文化居民已制成了标准的陶甑，不过使用并不普遍，时代更晚的崧泽、大溪、屈家岭文化居民则已大量使用甑作为炊器。远古先民用甑烹饪，是将甑套在釜、鼎、鬲上，利用这些炊器产生的蒸汽将食物烹熟。后来在龙山文化时代，更是制成了甑鬲合体的新型炊器，这就是考古学家所说的甗，这种炊器似乎最早出现在长江流域，后来在南北方使用都很普遍。鼎、鬲给人们提供的主食是稀粥，有了甑以后，人们就有更多吃干饭的机会了。虽然还是同样的粒食，但干饭为人们体质的增强提供了新的物质基础，我们还由此看到原始农业有了新的发展，粮食有了较多的剩余。

　　中国史前发明了甑，这不仅只是一种解决吃饭问题的器具，它还具有更深的文化意义。原始蒸法是人类利用蒸汽能的最早实践，这是

陶甑

河南三门峡庙底沟遗址出土

陶釜灶

河南三门峡庙底沟遗址出土

陶鏊

河南郑州大河村遗址出土

东方饮食文化区别于西方饮食文化的一个明显标志。要知道直到今天，西方人在烹饪时还极少应用蒸法，甚至在一些国家厨师连蒸法的概念也没有。正因为如此，东方是以蒸法见长，所以我们的主食一般是米饭馒头；西方是以烤法见长，所以他们的主食一般是面包。

在仰韶文化中，还见到形制不同的陶炉陶灶。炉以陶土塑成，与陶器一样入窑烧成。仰韶陶炉往往比较矮小，甚至将釜炉连塑为一体，匠心独具。陶炉是活动的灶，机动性很大。火灶本身会固定住，其重要性远在陶炉之上。仰韶文化晚期还使用一种烙饼的陶鏊，这种三扁足的圆形平板炊具表明了史前烹饪方式的多样性。考古还发现了新石器时代居民使用陶器进行烹饪的直接证据，如残留有鱼骨和大米饭粒的陶釜、陶罐、陶鼎等。许多陶器出土时表面都带有烟炱，有的陶器是直接从先民的火塘中发现的。没有陶器，就没有史前人类真正的烹饪。

人类的火食自发端以后，在史前大体经过了石烹、陶烹、水煮、汽蒸几个阶段。烧烤没有采用什么中介传热物质，直接将肉物放在火上烤熟。石烹的导热物质有时是水，有时是固体的石块。陶烹主要以水为导热物质，蒸法又将水导热方式变为气体导热方式。不同导热物质在烹饪上的采用，正体现了人类在科学认识上的一次次飞跃。

四、古老的餐匙与餐叉

我们古老的富有特色的熟食传统，还决定了我们独特的进食方式。我们知道，华夏先民的主食是粥饭，副食为羹汤，这些都不便直接用手指抓食，还要借助手指之外的食具，才能将食物顺利送达口腔。

我们现代人享用中餐，要使用筷子和餐匙，这传统其实可以上溯至史前时代，考古学家们已发现了大量新石器时代的餐匙，年代最早的餐匙是 9000 多年以前的先民制作的。我曾就古代中国人的进食食具做过专题研究，得知史前时代的先民在进食方面已有了比较规范的方式，在很早的时候就不再像我们想象的那样用手指抓食了，中国考古学家发现了世界上最古老的餐匙与餐叉。

现代进餐所用的餐匙，材质几乎是清一色的不锈钢，实用、美观、坚固，易于洗涤。但在冶金术尚未发明的新石器时代，餐匙的制作主要以兽骨为原料。考古学家们在许多原始居民的遗址中都发现了骨质餐匙，它们可分为勺形与匕形两种。匕形餐匙一般为长条状，末端有比较薄的边口；勺形餐匙明显做出勺和柄，形体比较规范。就出土的数量而言，匕形匙远多于勺形匙。

在黄河流域发现的新石器时代遗址，一般都有骨质餐匙出土，最早的见于磁山文化遗址，许多仰韶文化遗址里也有出土。生活在黄河下游地区的大汶口文化居民，非常时兴使用餐匙进食，而且他们的餐匙制作大都十分精巧，包括一些器形标准的勺形匙，还有一些蚌质餐匙。大汶口文化许多精美的餐匙都被作为随葬品放在了死者的墓中，当发掘到这些墓葬时，我们看到餐匙常常握在死者手中。黄河上游地区的齐家文化居民，使用餐匙的情况也很普遍，有的遗址出土餐匙达100 多件。齐家文化的餐匙全为长条形，柄端无一例外地都有穿孔，这些餐匙有许多也是在墓葬中发现的。作为随葬品的餐匙，一般都放置在死者的腰部，我们据此可以做出这样的推测：在平日里，齐家文化居民是用绳索将餐匙悬在腰际，以便随时取用。

在长江流域也发现了一些新石器时代的骨质餐匙。河姆渡文化居民有最精美的鸟形刻花象牙餐匙和标准的勺形餐匙，年代与黄河流域最早的餐匙相当。此外在华南和东北地区，也发现了一些新石器时代的餐匙，其中也不乏精品。

牙雕凤鸟匕形器
浙江余姚河姆渡遗址出土

　　这大量的发现让我们确信这样一个事实：餐匙是中国史前先民的一种生活必需品，人们平日要用它进食，死后还要带着它进入墓穴，似乎一刻也离不了它。餐匙在文明时代与筷子一起，成为中国人主要的两种进食具。考古发现了许多属于商周时代的青铜餐匙、属于秦汉时代的漆木餐匙、属于隋唐时代的金银餐匙等，史前时代的传统一直得到了继承。我还相信筷子的出现也在新石器时代，只是它不易保存到现在，所以考古发掘还没有找到那个时代确定的筷子。

　　令我最惊奇的是，古代中国人进食不仅用到餐匙与筷子这两大件，我们的先民还曾制作餐叉，用它来享用美味的肉食。在黄河上游的甘青地区，考古发现了属于新石器时代的餐叉。在甘肃武威皇娘娘台齐家文化遗址，20 世纪 50 年代曾出土一枚骨质餐叉，为扁平形的三齿叉，样式比较接近我们现代餐桌上常见的餐叉。后来又在青海同德的宗日马家窑文化遗址，发掘到了一枚骨质三齿餐叉，餐叉长 25.7 厘米，齿长 9 厘米。这枚餐叉出土时置于一个陶鼎内，鼎内还遗有肉块腐化后留下的骨渣。这让我越发相信，这种少见的餐叉应当是用于食肉的，很可能是一种在礼仪场合使用的进食具。

古代餐叉的使用与肉食有着不可分割的联系。中国古代将"肉食者"作为贵族阶层的代称，餐叉可能是上流社会的专用品，应当不会普及一般民众。下层社会的"藿食者"，因为食物中很难见到有肉，所以用不着制备专门食肉的餐叉。我们由考古发现来看，即使在上流社会，餐叉的使用似乎也没有形成固定不变的传统，且时有中断。这样一来，就使我们这些炎黄子孙不知道先祖还曾有过用餐叉进食的历史，甚至还以为用餐叉进食是西方文化的独有传统。

事实上，西方人用餐叉的历史并不十分久远，最多也不过1000年的历史。中国人用餐叉的历史已经追溯到了5000年以前，不过我们没有将餐叉作为首选的进食器具，它实际上基本被淘汰出了餐桌，这显然是我们有更适用的筷子的缘故。现代中国在引进西餐的同时，也引进了餐叉，叉子优越与否，是极好比较的。我以为我们之所以在享用西餐时还在那里不得已举着叉子，完全是尊重西方人进食方式的缘故，不然，我相信许多食客都会以筷子取而代之，我非常肯定这一点。

秦时彩绘云凤纹漆匕
湖北云梦睡虎地汉墓出土

唐代鎏金錾花九曲银勺
河南偃师杏园唐墓出土

骨餐叉
青海同德宗日遗址出土

五、酒香六千年

讲完了吃肉，现在我们来说说喝酒。汉代人称酒为"天之美禄"，以为是上天给人类的恩赐。从战国起到汉代，人们在狂饮烂醉之后，自然想起了为自己带来美好享受的最先造酒者，这初酿者是谁呢？考究的结果，说法不一。

按佚书《世本》的说法是："仪狄始作酒醪，变五味。"又说"少康作秫酒"。而《战国策·魏策》说仪狄是奉禹帝女儿之命作酒的，言"帝女令仪狄作酒而美，进之禹，禹饮而甘之，遂疏仪狄，绝旨酒"。这样一来，就有了一点分歧，初酿难归功到某一人头上。

东汉许慎在《说文解字》中曾分辨过究竟是仪狄还是杜康造酒，最后按《世本》的折中说法，以为"古者仪狄作酒醪，禹尝之而美，遂疏仪狄。杜康作秫酒"。陶渊明《述酒》诗题注更有高论，说："仪狄造，杜康润色之。"他们认为是仪狄初酿，杜康提升了酒的品质。

晋代文人江统作过一篇著名的《酒诰》，以为："酒之所兴，肇自上皇。或云仪狄，一曰杜康。有饭不尽，委余空桑，郁积成味，久蓄气芳。本出于此，不由奇方。"他不相信是仪狄或是杜康始酿之说，认为酒的初酿要早到神农时代，这与汉时《淮南子·说林训》"清醠之美，始于耒耜"之说，如出一辙。

农耕时代的到来，谷物栽培成功，这是谷物酿酒的基础。当然谷物酿酒不像果酒来得那么容易，因为谷物不能与酵母菌直接起作用而生出酒来，淀粉必得经水解变成麦芽糖或葡萄糖后，也就是先经糖化后才可能酒化。

历史上竟有这样的巧事，一些无可挽回的错误，反而铸成了意外的巨大成功。人类的初酿成功，我认为可能就起因于谷物贮存不善而发芽发霉，这种谷物烹煮后食之不尽，很容易变成酒醪，这便是"谷芽酒"。许多次的失误，却使人们多次尝到另一种美味，于是有意的酿造活动就开始了。

中原地区大概很早就发明了糖化和酒化同步进行的复式酿法，具体表现在酒曲，古时称为"曲糵"。有人以为中国曲糵的使用是和谷物酿酒同时出现的，这极有可能。不过，人工酒曲的发明不可能是短时间内所能完成的，制曲和酿酒实际是一个对微生物接种、选种、培养和应用的复杂过程，需要长期的经验积累。

彩陶双连壶

河南郑州大河村遗址出土

　　有些研究者认为酒的发明时代很早，最新的研究将其发明时间提到了仰韶时代甚至是前仰韶时代。

　　仰韶文化的小口尖底瓶，它的用途让人颇费猜测。尖底瓶造型独特，尖尖的底，紧收的口，圆鼓的腹，对称的耳，无一处不显出它的乖张来。

　　在尖底瓶大量出土以来，考古人并没有发表太多的见解，倒是许多的行外人更热衷于寻找答案，做出了种种推测。有的说它可以煮粥熬汤，还有的说它可以取水烧水。

　　考古学家苏秉琦先生不仅对尖底瓶做过细致的类型学研究，他同时也论及它可能的用途。他认为甲骨文中的"酉"字有的就是尖底瓶

小口尖底陶瓶
陕西西安半坡遗址出土

的象形，由"酉"字组成的会意字如"尊""奠"等具有特定的含义，
器具中所盛的不应是日常饮用的水，甚至不是日常饮用的酒，而应是
礼仪和祭祀用酒。他由此进一步论定，尖底瓶应是一种祭器或礼器，
所谓"无酒不成礼"。

　　经查证，甲骨文中"酉"字确是尖底瓶酒器的象形，"尊"字是
双手举起尖底瓶的样子，而"奠"则是标示着放置在台座上的尖底瓶。
商人好酒，但商代极少用这种尖底酒器，如此看来，这样的字形会不
会在尖底瓶的时代就已经形成概念了，汉字起源的历史应当是可以往
那个时代追溯的吧？

甲骨文和金文中用尖底瓶构形的相关文字

古埃及底比斯 Nakht（纳赫特）墓室壁画酿酒图

　　还有一些研究者采信古埃及用尖底瓶酿酒的壁画作为旁证，进一步认定仰韶的尖底瓶应当也与酿酒有关。近年更有考古学者通过对尖底瓶内残留物淀粉粒和植硅体分析，判定尖底瓶是酿造谷芽酒的器具。酿酒原料包括黍、薏苡、小麦、稻米、栝楼根、芡实，另外还有其他块根等附加植物原料，确认在仰韶时期黍与稻两种谷物已同时用作酿酒原料，最常用的基本原料为黍。

　　尖底瓶在黄土地带流行的年代，是在距今 7000—6000 年前。仰韶人制备了专用的酿酒器具，表明他们已经掌握了成熟的酿造技术，而真正的初酿一定出现在更早的时代。

衣饰之美

第四章

1

礼仪之邦

衣冠天下

蚕桑丝绸

仰韶时代已经出现细腻格调

麻与丝的分享

彼此区分明确

打在身上的烙印

可能有了高低贵贱之分吧

一、衣饰源起

在衣食住行中，衣排在第一位。那么，在距今7000—5000年的仰韶时代，我们的先民会穿成什么样呢？穿着树叶兽皮，围着篝火跳舞可能是大多数现代人对我们遥远祖先的刻板印象。其实，在仔细拼对大量的考古碎片之后，我们先民的真实模样会大大颠覆人们的想象。

人类衣服与饰物出现的原因，曾让一些研究者百思不得其解。以衣服的创制而言，就有各种各样的说法。有人说，衣服起源主要是出于御寒的需要，在热带地区还可能是出于防晒的需要。还有人说，衣服的起源可能与狩猎活动有关，人们为了靠近猎物，常将自身装扮为动物模样，披上野兽的皮毛，久而久之，这样的猎人伪装就成了平日的衣服。还有的人认为，衣服最初的功能，是人类遮羞和审美双重需求的结果。又有些人说这种遮羞的心理，只是在原始社会晚期才有的现象，而服饰的起源时代却还要早得多。

人类最早的衣服原料只不过是树皮、树叶、野兽皮毛之类，这些材料只需经过简单的缀合便可披挂在身上。考古发掘证实，生活在2万年前的北京山顶洞人，已能制作精致的缝衣骨针，表明当时有了比较成熟的裁缝技术，人类几百万年赤身露体的处境已有了根本的改观。山顶洞人的骨针长82毫米，针鼻孔径约3毫米，针体光滑，是非常适用的缝纫工具。

到了新石器时代以后，不仅骨针得以普遍使用，而且发明了纺线的纺轮。西安半坡遗址就曾出土穿孔骨针 270 枚、陶纺轮 50 枚。纺线成功以后，我们的先民又发明了原始织机，织出了轻而薄的布匹，裁出了合适的衣服。

人体不仅有衣服，还须有饰物进行美化，人体饰物很可能与衣服是同时出现的，甚至还要出现得更早一些。衣与饰两者的功用有明显的不同，饰品当有护身符的作用，它是人们用以驱邪的一种神物。在山顶洞人的墓葬中，发现了许多利用自然物品制成的人体装饰品，有穿孔兽牙、海蚶壳、石珠、鲩鱼骨和骨管等，其中有 7 枚小石珠表面还染上了红色。这些装饰品出土时的位置都是在死者的头骨附近，表明它们是首饰，这是迄今发现的人类最早、最讲究的饰品。

爱美之心，自古有之。史前先民不仅采用佩戴饰品的方式美化自身，还采用一些更特别的方法，直接美饰自己的身体，有整理毛发、纹面文身等。到了新石器时代，人体饰品的种类明显增多，制作的精美程度也有了明显提高。

如果说最初的衣饰并不是或不全是以美为目的的话，那么在发展到一定时期以后，人类在美的追求方面就表现出了越来越强烈的意识，为自身创造出美丽的衣服和饰物，这些衣服与饰物的文化属性也就表现得越来越明显。

彩石
河南三门峡庙底沟遗址出土

二、纺线 织丝 绩麻

前仰韶时代，磁山和裴李岗文化居民，已开始用纺轮纺线，纺轮是用碎陶片加工成的，把陶片打磨为圆形，中间钻有一孔。后来，人们直接用陶泥烧制纺轮，陶片做的纺轮反而很少使用了。最精致的纺轮是新石器时代晚期的屈家岭人制作的，表面彩绘有对称均衡的各种几何线条，旋转起来有一种不多见的韵律美。在一些遗址中还发现过用石块磨制的纺轮，显得更为厚重一些。先民用纺轮旋转的力量，将毛麻之类的自然纤维捻成线，用这线去缝纫。

继纺技之后，人类很快发明了织技。织技的发明，估计可以早到新石器时代前期，它是在编织技术的基础上发展起来的，可能最初还经历了一个针织阶段，很快就发明了织机。最原始的织机与我们今天所知道的立式织机完全不同，根据考古出土的木器残件分析，河姆渡人已发明了原始腰织机。这是一种将经线一端固定在木桩上，另一端固定在人体腰部的手织机具，它虽然相当原始，但穿杼分经技术原理

陶纺轮工作示意图

陶纺轮

河南灵宝西坡遗址出土

与后来的竖式织机已无太大区别。有了织机，人类从此不再主要依靠自然物品来包装自己，而开始拥有自己随心所欲织造出来的纺织品。这些发现准确无误地表明，仰韶文化时期，我们的祖先已经掌握了纺织技术，在日常生活中，他们早已告别了用草、树叶和兽皮裹身的形象，穿上了用麻布制作的衣服。

考古发掘提供的资料表明，史前织物的纤维原料主要是葛、苎、大麻和蚕丝等，以野生纤维为主。埋藏在地下的史前织物很难留存到现代让我们进行研究，不过考古学家们还是寻到了一些关键性证据。他们在仰韶文化和大汶口文化陶器的底部，都见过布纹的痕迹，表明当时的陶工曾用麻布做陶坯的衬垫，所以布纹清晰地印到了陶器的底部，留下了我们用以判断新石器时代纺织技术发达程度的可靠证据。由此也可做出这样一个简单的判断：织物在当时已非稀罕之物了，人们已有可能将多余的织物用作其他方面。这在一定意义上反映了纺织业的发达程度。我们只要仔细观察，还可发现各时代的砖瓦上一般都印有布纹，经纬结构分明，为我们展示着一部简明的纺织史。许多有经验的考古学家，往往可以从所得古代砖瓦的布纹上非常准确地判定出它们的时代。

有关仰韶先民有可能养蚕织丝的证据也不断被发现。1926 年，著名考古学家李济先生发掘山西夏县西阴村遗址时，发现过 1 枚人工切割的蚕茧，表明黄河流域的仰韶居民似乎已有丝织的衣物。那枚小小的茧壳，被李济先生形容为"最有趣的发现"。河南双槐树遗址出土了用猪獠牙雕刻成的牙雕蚕，距今大约 5300 年。那枚牙雕蚕头尾翘起，好像正在吐丝，是我国目前发现的最早的写实主义风格的家蚕形象。1982 年，在青台遗址考古发掘中，在两座瓮棺内，考古队员发现了一些特殊的遗迹，后经检验分析，初步确定这些遗迹来自蚕丝类纤维。2020 年，在对渑池

切割蚕茧
山西夏县西阴村遗址出土

牙雕家蚕
河南巩义双槐树遗址出土

县仰韶村进行第四次考古挖掘中，河南省文物考古研究院与中国丝绸博物馆合作，对从仰韶村墓葬中提取的 14 份土壤样品进行了检测，其中有两份样品检测出了丝蛋白的微痕迹，表明墓葬中可能存在过丝绸的实物。

三、原始衣冠

纺线、织丝、绩麻，为仰韶先民制衣提供了基本的材料。那么，几千年前衣服的款式又会是什么样子呢？

在青海大通上孙家寨马家窑文化遗址，出土了一件舞蹈纹彩陶盆，盆内绘着 3 组、每组 5 人的手拉手群舞场面。画面中的人似乎穿着无袖长衣，衣后还有一尾形装饰。一些研究者据此推测，人类早先的衣服式样比较简单，无领无袖，在一张兽皮中央穿个洞，将头从这洞中套进去，用兽皮裹住身子，腰间系一根绳子，就是一件不错的皮衣了。这样式其实就是一件袍子或裙子，有人还为它取了个专用名称，叫作

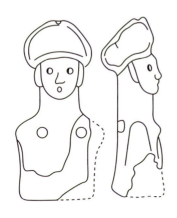

半身陶塑人像（线描图）

陕西临潼邓家庄遗址出土

舞蹈纹彩陶盆

青海大通上孙家寨墓地出土

"贯头衣"。随着纺织缝纫技术的进一步发展，贯头衣又加缝上了长袖，变成了更实用的标准袍服。到新石器时代有了布帛等人工织物之后，衣服的缝制逐渐精细，式样有了新的变化，穿着也愈加便利了。

　　我们通过新石器时代的陶艺作品，还得知先民不仅会裁制合体的衣服，而且能缝制鞋帽等，将自己的身体从头到脚都打扮一番。在陕西临潼邓家庄仰韶文化遗址，出土了一尊头戴大帽子的半身陶塑人像，帽子的式样宽大厚实，我们由此知道仰韶人有比较考究的帽子。在黑龙江密山新开流文化遗址，也出土了一尊半身陶塑人像，人像头顶上可见尖状帽形，也许是当时人所戴尖顶皮帽的写照。在甘肃玉门火烧沟文化遗址，出土过穿长靴的人形陶器，还曾发现过彩绘靴形陶器，让人想到当时的人一定穿过一种长筒靴，否则他们不会制作出这样的陶塑艺术品。根据民族调查，我们得知有些民族用桦树皮、竹子或鹿皮做帽子，用兽皮或麻草做鞋子，由此我们可以产生出更多的联想，史前先民的衣饰也许比我们猜想的要丰富得多。

　　身处野蛮时代的先民们，他们并不是赤身露体渡过那艰难岁月的，那些算不上华丽的原始衣饰装扮了他们，给他们的生活增添了不少光彩。

四、首饰和佩饰

　　我们现代的艺术家，将人体作为艺术品欣赏，认为这是最美的。人体是美的，而且人还有一颗追求美的不倦的心。每当我亲手触摸到史前人类的饰品，审视他们塑造自我的雕像时，我深深感到，爱美之心，并不是在有了丰厚的物质条件以后才发展起来的。奔走在充满艰辛困苦旅途的先民们，很早就开始了对美的追求，他们为了美化生活环境，制作出许多艺术品，又通过各类饰物美化自身。

　　人类对美的追求，首先体现在自我形体的修饰上。衣服是一种修饰，发饰与佩饰也是，这是人体美化的两个重要方面，在史前时代尤其如此。有的部族还通过纹面和文身的方式装扮自身，这做法实际上还包含有其他意义，并不仅仅是为了单纯的美。

　　黄金与钻石，是当今名贵首饰的主流。史前人也制作过各种各样的首饰，考古发掘到的史前首饰多到不可胜计，多为骨头、玉石、蚌、陶等最平常的质料，也许还有不少有机质的饰物没能保存下来。史前人饰品的种类很多，有耳坠、项链、手镯、戒指等，装饰的部位由头、颈至全身，甚至延至足部，头颈和手臂是重点装饰部位。

　　至迟在旧石器时代晚期，人类已开始制作和佩戴装饰品。最初的饰品十分粗糙，一般都是稍作加工的小件自然物品，如兽牙、鱼骨、鸟骨、石块、贝壳和蛋壳等，经过简单修整打磨，基本保留着自然形状，穿上一个小孔后做坠饰挂在身上。北京山顶洞人、宁夏水洞沟人、山西峙峪人、河南小南海人、辽宁小孤山人、辽宁金牛山人已经有了

耳坠

河南三门峡庙底沟遗址出土

绿松石饰

河南舞阳贾湖遗址出土

这样的装饰品，有的饰品还涂有红色，这应当可以算作深加工了。

到了新石器时代，真正的人工饰品出现了，使用了比较复杂一些的加工技术，不少以自然物为原料的饰品也完全改变了原本的形状。本来并不是以美容为目的的装饰品，后来有了更明显的美容目的，饰品本身也就制作得越来越精美了。

陶环
河南三门峡庙底沟遗址出土

　　在不同的人类群体中，流行着不同的人体装饰风格。中原地区的
仰韶文化与龙山文化居民，不仅有大量骨、石、蚌质的饰品，还有为
数不少的陶质饰品，包括环、珠、管、笄等，其中又以陶环最多。仰
韶文化居民喜爱环状类的装饰品，西安半坡遗址出土的环饰占全部饰
品的60％以上。临潼姜寨的一座仰韶文化墓葬中，发现死者佩戴有骨
珠串成的项链，骨珠有8721颗之多。墓主是一位少女，可见女性自古
就有爱好饰品的天性。长江流域诸新石器文化居民，流行佩戴一种被
考古学家命名为玉璜的饰品，这是两端都有穿孔的半环形饰品，多数
经过了抛光处理，制作特精。山东临朐西朱封村的一座龙山文化大墓中，

骨珠项链
陕西临潼姜寨遗址出土

出土了雕琢精美的玉笄、玉簪，是新石器时代饰物中的珍品。

五、先民的发式

我们现代人使用了许多现代化的手段，美化和保养自己的头发，日新月异的发式使一般的人很难赶上潮流。我们知道在史前人类那里，也有一些简便的方法，将他们不太整齐的头发整理为自认为比较美观的样式。不同文化传统的人群都有富有特点的发式，在史前时代，这些发式往往是不同文化共同体居民互为区别的明显标志。中国远古时代的发式主要见到披发、椎髻、编发、断发几种，我们在先民们的陶塑上看到了这些发式的确切样式。

骨簪
河南灵宝西坡遗址出土

披发，与现代少女的披肩发类同，头发较长，自然披于脑后。有时这种披发也散被在脸上，古代谓之"被发覆面"。马家窑文化陶器上见到一些彩塑和彩绘人头像，面部都绘有不少下垂的黑色线条，这应当是被发覆面习俗的写照，也许是马家窑文化青壮年妇女的流行发式。

椎髻，是将头发挽起，或盘在脑后，或簪于头顶。在仰韶文化和龙山文化遗址出土了大量簪发的骨笄，也有石笄和陶笄，有的为精工制作的珍品。我们由此可以判断，中原地区有着古老的椎髻传统，这是起源于史前的占主流的发式传统。这种传统一直延续到了文明时代，成为古代男子的标准发式。在新石器时代墓葬中，一些骨笄出土时横置在死者的头顶，表明这是簪发于头顶的椎髻发式，研究者还描绘出了这些簪发者的形象。

仰韶女性的装扮

编发，实则为辫发，将头发编为独辫、双辫或多辫。在甘肃礼县出土过属于齐家文化的辫发人头像，一条单辫盘绕在人头上，这也是编发习俗的表现。

断发，是削长发为齐肩或齐耳的短发。

镶骨珠骨簪
甘肃永昌鸳鸯池出土

红陶人头像

甘肃礼县高寺头出土

人头形器口彩陶瓶（局部）

甘肃秦安大地湾遗址出土

甘肃秦安大地湾遗址出土了一件仰韶文化人头形器口彩陶瓶，瓶口塑成一尊人头，瓶体满饰彩绘。人头像的前额与两鬓为齐耳的短发，脑后为齐耳垂的短发。史前先民对头发进行如此整齐的梳理实在是令我们意想不到的，它也许是当地男子的标准发型。古籍上常说南方人有断发文身的习俗，看来断发并不只是南方人的专利，北方人也有喜爱这种发式的。

细细想来，这些发式在现代社会仍然还有它们的生命力，虽然可用千变万化来形容当代人的发式，但万变不离其宗，我们最常见到的依然还是史前人已经发明的那几种，还是披肩发、辫发、髻发和短发，就是这个样子。

史前先民对发式的重视，还可以从他们精心制作的发梳上看出来。先民为了梳理自己的头发，制作了各式各样的梳篦。我曾就中国古代梳篦的发展进行过专题研究，对于史前梳篦的发明与演变进行了初步考察。考古学家们发现了不少新石器时代的发梳，这些梳子有象牙质的，但多数为骨质，甚至还有石质和玉质的，很多都加工得十分精致。大汶口文化和屈家岭文化居民都有相当精美的象牙梳，梳齿有的多达20根，有的在柄部还饰有漂亮的纹饰。后来，精致的梳子也成了一种值得炫耀的饰品，可以别在脑后，平添不少风采。考古发现比较早的古梳出土于山东泰安大汶口文化墓葬中，在10号墓人架头部见到两件象牙梳，一件已残，一件制作十分精致。梳体为长方形，梳背平列三个圆孔，握手部镂出"S"形纹饰，"S"的凹弯处还镂有"T"字纹。梳高16.7厘米，宽8厘米，16齿，齿缝与齿径接近等大。

在发现的大量骨梳中，有的只有4齿或5齿，我由此想到梳子的发明，也许最初是受了手指的启发做成的。在梳子发明之前，人

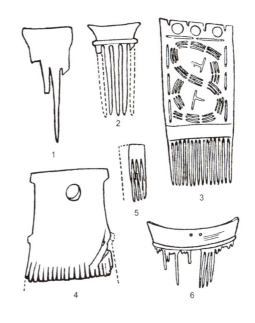

镂雕旋纹象牙梳
山东泰安大汶口墓葬出土

新石器时代长方形梳篦

类主要用手指梳理头发。我仔细考究了中国古代梳篦的演变与发展，画出了一条梳子形状的变化轨迹。这是一条梳子由竖长形、方形到横长形的演变轨迹，因为手掌为竖长形，所以早期梳子的形状基本都是接近手掌的竖长形。我们当代的梳子，自然早已是百花齐放了，各种形状的应有尽有，虽然以横长式为多，但也可见到不怎么适用的竖长式，它们映射着古代梳篦的影子。

人体是人类自己的艺术品，每个时代的人体都有独具风格的装饰物，这些人们创作的艺术品将人变为艺术的人。

阶段	时代	演进序列	演变过程
一	新石器—春秋		
二	春秋战国之交		
	战国—两汉		
	隋唐		
三	宋—明初		
四	明		

梳篦演变示意图

战国早期玉梳
湖北随州曾侯乙墓出土

战国木梳
湖北荆门包山楚墓出土

西汉木梳
湖北云梦睡虎地汉墓出土

仰韶人的居处

第五章

生在天地间
居处山水边
从穴居到茅茨土阶
从方圆不拘到高台广厦
遮风避雨
护暖驱寒
合家在这里团聚
炊烟在这里升起

一、洞穴里的炊烟

对于今天的人们来说，吃饱穿暖早已不是问题，在繁华的大都市里，住，可能是许多满怀梦想、努力拼搏的年轻人最关心的话题之一。那么，距今 7000—5000 年的仰韶时代，先民们住的又是什么样的房子呢？

我们知道，生活在温带的旧石器时代早期人类，每年都要经历一个寒冷的冬季，那是最难过的一段时光。为了抵御风寒，人们常常居住在天然的洞穴中或岩厦内，或开始建造最简陋的地穴式人工住所，建有防风篱笆，住所中还有兼作取暖与熟食之用的灶坑。

在中国，许多人类化石和石器都发现在山间洞穴里，表明穴居在旧石器时代是一种主要的居住方式，得到普遍的采用。在许多洞穴遗址中，考古学家们都发掘到史前居民的大量庖厨垃圾，还有堆积相当厚的灰烬层。从这些遗迹的发现，我们自然想到曾经由洞穴飘出的袅袅炊烟，史前先民一定是常常围坐在洞穴里的篝火旁，一面取暖，一面烧烤着猎物，一面编造着迷人的神话故事。

《周易》说"上古穴居而野处"，这虽然是一种推断，但将旧石器时代的居住方式描述得非常贴切。穴居作为人类初始的居住方式，早已成了古老的历史，但这并不意味着穴居方式已完全消失。在一些地区，人们至今仍然习惯于在洞穴中居住，只是已非旧石器时代的山洞，而是人工开凿出来的窑洞。在窑洞里的感觉自然要强于洞穴，居住条件甚至不可同日而语，但两者之间的联系却是割不断的。窑洞并不是凭空创造出来的，我们从窑洞中看到了透射出来的远古穴居的影子。

二、茅茨土阶

　　农耕发明以后，人们不得不告别他们熟悉的山林，告别他们习惯了的穴居生活，向平畴转移，寻找更适宜耕种的沃野，寻找新的希望。

　　空旷的大地为人们提供了耕种的广阔田野，可是居住却成了严重的问题，现成的洞穴没有了，怎么办呢？只有自己动手建造新的住所，才是唯一的出路。我们可以设想，告别洞穴之后，人类经历的考验是严峻的，风雨和严寒的侵袭磨炼了先民们的意志，也迫使原始的建筑技术发明出来，一步步走向成熟。

　　人类最早的住所，无非是简陋的窝棚、树巢和窑洞之类。可以说，窑洞的挖掘一定是受了早先穴居的启发，是穴居传统的延续，在现代社会也并没有完全消失。山西石楼岔沟发现了仰韶文化和龙山文化的窑洞式居址，窑室中央建有火塘，窑壁挖有放置物品的洞龛。

　　考古还发掘到新石器时代的另一种人工洞穴建筑居住遗迹，它与窑洞又不相同，是一种在地面以下凿穴而居的居住方式，所以被有的研究者称为"地穴居"。地穴居在仰韶文化几处遗址中均有发现，把地穴掘成口大底小的样式，口部有立柱的痕迹，设多级台阶盘旋而下，穴底建有炊爨的灶坑。在临潼姜寨发现了一二十个各式各样有台阶的地穴，西安半坡也有类似的地穴发现，穴壁上掏有小龛，内置两个带盖的敛口罐。作为居址的地穴一般容积较大，如陕西华县泉护村遗址的一座，南北长 6.5 米、东西宽 4 米、深 2.5 米，出入口向南，口为椭圆形，穴室东壁下有烧灶。泉护村另一座地穴东西长 6 米、南北宽 3.5 米、深 2.9 米，口也是椭圆形，东端有斜坡出入，有 5 级台阶沿北壁盘旋而下，穴底中央有烧灶。地穴是冬暖夏凉的好去处，不过只适合气候干燥的北方，潮湿的南方无法采用这种居住形式。

　　在地穴居和窑洞式穴居基础上发展起来的半穴居技术，使半穴居方式成为中原和北方地区新石器时代最普遍的建筑方式，甚至南方和西南地区也有半穴居的遗迹发现。所谓半穴居，即居住面在地面以下数十厘米，地面有矮墙，立有梁柱，有草盖的屋顶。考古发现年代最早的半穴居建筑，见于磁山、裴李岗和白家村文化，都是面积只有几平方米的近圆形坑穴，周围似乎还没有明显的土墙，上面可能支撑着一个草顶盖，这便是古代所说的"茅茨土阶"。

　　比半穴居进步的是地面建筑的居住形式，更进步的是高台式建筑，居住坑面由深到浅，由浅到无，中国古代居址的演变经历了这样一个由低向高、由小到大的发展过程。

　　迄今所发现的仰韶文化居址，据不精确统计，已发掘出了近500座。发现较多房址的遗址有：西安半坡46座，临潼姜寨约120座，宝鸡北

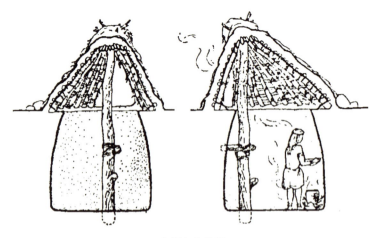

仰韶人穴居图

首岭32座，甘肃秦安大地湾127座。仰韶文化建筑技术的发展，有一定的进步规则，大致可以看出穴居—半穴居—地面单间建筑—地面多间建筑的发展序列。营造居址的材料，都是很容易获得的木材、柴草、泥土和料姜石等。

仰韶文化的房屋类型可分为圆形半地穴式、圆形地面式、方形半地穴式、方形地面式、方形地面连间式。圆形半地穴式集中发现于半坡和姜寨。平面的近圆形，一般面积较小，直径多为5—6米。门内两侧有矮墙，室中央有长方形或瓢形灶坑或浅圆灶面，有的灶坑后部设有保存火种的陶罐。居住面与墙壁多数经火烧烤过，坚硬平整。如半坡3号房址，直径为5米，凹入地下近1米，门内两侧有隔墙，室中央有长约1米的瓢形灶坑。

仰韶文化的方形半地穴式居址平面为方形或长方形，又可分为大、中、小三型，最大的约160平方米，小的仅10平方米左右。大房址一般为方形，房基凹入地下，有狭长的坡式或阶式门道，室内中央有灶坑，

半坡文化圆形房址复原图

火种器
河南洛阳孟津寨根遗址出土

有些灶坑里也有火种罐。居住面多经烤烧，坚实平整。如半坡41号房址，东西长4.4米、南北宽3.2米，房基凹入地下0.4米，门向南呈斜坡状，迎门有圆形灶坑。大河村14号房基四周有50多个排列均匀的柱洞，室内中央有方形烧土台，居住面经多次修整，铺设达10层之多，由料姜石粉、黄砂及少量黏土合成铺平并经火烤。姜寨的大房子，面积一般都在80平方米以上，有较宽的门道，门内有大型深穴连通灶坑，灶坑两侧有高出地面的宽大平台。

方形地面式居址，由地面起筑，在河南发现较多，是洛阳和郑州地区仰韶文化主要的建筑形式。洛阳王湾遗址11号房址，墙基为挖槽建造，内填红烧土碎块。15号房址的墙基由大块平整的砾石铺成，上面直接筑墙，墙内立木柱，外敷草泥土。居住面用两种不同的材料构筑，或为草拌泥的红烧土，或为石灰物质做成的三合土，修建得相当考究。

随着社会结构的变化和建筑技术的进步，仰韶文化后期出现了套间和多间连建的房屋。方形地面连间式房址，较多见于河南仰韶文化遗址，

半坡遗址方形房址复原图

在秦安大地湾也有发现。郑州大河村发现有三组共 12 间连间的建筑，房基保存得相当完好，墙壁残高有的达 1 米。三组连间建筑的结构及营造工艺大体相同。以 1—4 号一组房址为例，四间房基均为南北长方形，作东西并列相连。1、2 号为同时建成，两间有共用的一面墙壁，3 号利用 1 号东壁接筑，4 号又利用 3 号东壁接筑。最西端的 2 号门向南，1、3、4 号门均向北。中间的 1 号面积最大，有灶台，放置有 20 多件陶器，还有小型套间，套间内也有土台。2 号房址内有三个土台，台面上放置日用器物及粮食。3 号房址内也有一方形土台。4 号面积最小，仅 2 平方米左右。这连间建筑的营造方式是先平整地基，铺垫厚约 10 厘米的沙质草泥土，开挖墙壁基槽，然后沿房基或基槽四周栽立木柱，立柱间加填芦苇束，在内外敷厚 10—15 厘米的草泥土。居住面铺设数层砂质，最后一层白灰粗砂硬面涂抹在墙壁上，再经大火长时间烘烤，使之呈红色或青灰色，坚硬光滑。这种像烧制陶器一样"烧制"出居住的房屋，不仅保暖而且异常坚固。三组连间建筑中出土了大量陶器及日用什物，房子可以供十多人居住，属一个较大的家庭单位。

河南淅川下王岗发现的一座长屋基址，坐北朝南，长达 85 米，进深 6.3—8 米，房屋分间达 49 间之多。长屋中的正房都设有门厅，构成 17 个单元套房，多数为单间套房，少数为双间套房，有的还建有门槛，门向东南。另有 3 间无门厅的偏房，为单间居室，门向西南。这三类房间内除门厅外，都发现了铺地的竹席痕迹，居住面平坦坚实，草拌泥墙壁光滑平整，表明它们都是居室。1/3 的套房内建有火灶，有的一房一灶，有的一房二灶，还有一房六灶的。

南方地区的居住方式，与北方相比又有明显的区域特点。南方由巢居方式发展起一种架空居住形式，称为"干栏"。这种竹木结构的房屋有很好的通风防潮性能，适宜气候湿热和地面低潮的地区居住，人住干栏的上层，底层可圈养牲畜。现代广大的南方地区，这种干栏建筑仍然比较流行，可见类似居住方式的传统是多么的科学，又是多么的古老。

大量的考古资料表明，中国史前建筑技术的发展，经历了这样一些进步过程：房子由小间到大间，由单间到套间到连间；墙体构造由木骨泥墙、乱石砌筑发展到土坯墙和版筑墙；柱子由无到有，由少到多，由深埋到应用础石；居住面由不修整到烧烤，再到涂抹石灰面和夯筑混合土等。建筑形式由半地穴转向地面，到夯筑高基。居住形式由散居到聚居，进而再到城居。

人类走出了洞穴，走进了新天地。

三、大房子的主人

在了解了先民的建筑技术之后，今天的我们或许会关心它的建筑

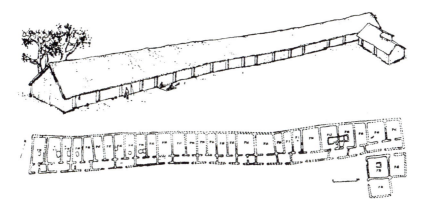

仰韶文化下王岗遗址的长屋遗迹平面与复原图

面积和房型。

从时代上的特点来说，仰韶早期的居住建筑以单间为主，平面形状有方形和圆形两种。居住建筑的这种平面形状上的差异，还明显地表现出地域上的特点。北首岭的房址几乎全为方形，半坡和姜寨则是方圆都有，而豫西一带的房址大体都是圆形。

也就是说，仰韶文化早期的房址，分布中心的关中地区有方形也有圆形，而它的东部是圆形建筑传统，西部则是方形建筑传统。到了庙底沟文化时期，方形居址的建筑传统占据了主导地位，这是更为进步的一种建筑技术。到西王村文化时期，多数居址已采用平地建筑方式，半地穴居址较少见到了。

仰韶文化聚落虽然以小型居址多见，但大型居址也有发现，包括少量超大型居址。

秦安大地湾遗址发现了殿堂一类的大型宗教性建筑，其中 901 号房址就是一座由前殿、后室和东西两个厢房构成的多间式原始殿堂建筑，原有全部建筑面积当在 300 平方米以上。正门向南，左右有侧门，东西还有通向厢房的两扇门，迎正门建有一座灶台。前殿偏后部有顶梁柱 2 根，直径达 90 厘米。南北墙面各有立柱 8 根，都有石柱础。前殿的地面、墙面、柱面、灶台都抹有料姜石灰浆，地面铺草泥烧土块后，再以沙砾和灰浆制成厚近 20 厘米的混凝土层。殿外还有约 130 平方米的地坪，发现排列整齐的 12 个柱洞。这座建筑规模宏大，布局有序，结构复杂合理，建造方法讲究，工艺技术精良，它不是普通的居室，可能是举行宗教仪式的公共建筑。

类似的建筑在扶风案板遗址也有发现，同属仰韶晚期的 3 号建筑也是一座由主室和前廊构成的方形大房址，面积为 165.2 平方米。它位于遗址中心部位的最高处，坐北朝南，居高临下。在它周围的灰坑中出土了不少陶塑人像，表明这座大型建筑曾是宗教活动中心所在。

更值得注意的是，分布在豫陕晋地区的庙底沟文化遗址中发现了一些特殊的大房址，也是一种半地穴式建筑，房基平面为五边形，不同于方形和圆形。这时的建筑观念应当有了明显变化，这种变化的动因还有待研究。

遗址大墓出土玉器、象牙器等高等级随葬品，最大的房址外带回廊，面积超过 500 平方米，是考古发现的中国史前最大的单体建筑。可能有高耸的重檐大屋顶，建筑具有殿堂性质。分析认为当时社会已分化出平民、显贵与首领甚至王的等级，进入了复杂的社会发展阶段。

关于关注度较高的仰韶大间房子，研究者的看法并不一致。有学者认为仰韶文化中发现的大房子具有不同的用途，有的大房子是集会房屋，可以是公共集会场所或男子公所，可以是首领住宅。也有人推测，有些五边形大房子可能与制陶作坊有关。

河南灵宝西坡遗址庙底沟文化五边形大房址

河南灵宝西坡遗址庙底沟文化大房址复原展示

仰韶人大房子的用途，不可一概而论。

四、捐弃房屋风俗

记得儿时在故乡，看到一些农户在有老人去世后，在家中神柜旁陈列一座色彩绚烂的纸屋，有如琼楼高阁，是一种极漂亮的工艺品。纸屋虽然漂亮，但也不能长留家中，待摆到一定时间后便要拿到村外用火焚毁，纸屋就这样在火焰中灰飞烟灭。那场面是很肃穆的，这被称作"灵屋"的艺术品，是送给死者的魂灵做居所的，亲人用火焚毁它，是采用这个方式将它送给了死者。

这是现代汉族葬俗中还保留着的一些相当古老的内容的一部分，为死者在冥间准备一座供魂灵居住的房子，相信这风俗的形成一定有非常古老的渊源。果然在考古学研究中，我们找到了这风俗在史前时代即已形成的上源，它像一条溪水弯弯曲曲地流淌了几千年，一直流到了我们的眼前。

在史前时代流行一种特别的居住风俗，按照古籍的定性和定名，称为"房屋捐弃"，是古时人们专为死者废弃居住房屋的一种特别的行为。

考古发现新石器时代出现过一种废弃房屋的风俗，一些居址可能是有意废弃的，一部分是焚毁的，也有一部分是捣毁的。经引证国内外民族学资料进行比较研究后确认，这种废弃居址的做法是史前曾经普遍存在的一种特别的居住风俗，是一种与死者安葬相关的风俗。

史前捐弃房屋的方式，可以分为烧毁、捣毁、废弃几种，那些居所是有意废弃的，与迁徙和其他意外原因无关。

房屋捐弃遗迹中，发掘者看到居址内各种用具陈设有序，有的陶器在出土时保存尚好，居室的主人显然是有意抛弃了他的家什与住所。如陕西西安半坡遗址的 39 号房址，在室内的东北角和灶坑里发现两堆破碎的陶器，这些陶器可能是在居址废弃时被毁坏的。在 11 号房址内发现陶器 11 件和骨器等，3 号房址内也见到较多的陶器和工具等遗物。2 号房址虽仅残存四分之一，但也放置有几件陶器，门道口还放有一件盛着谷物的双耳大瓮，这也是当时有意遗留在内的。这些房址可能都是有意废弃的，房址内的器具可能多数是按照原有位置陈放的。陕西临潼姜寨遗址有几座房址都是这样，如 46 号房址 16 件陶器大体分为三堆，以西南角一堆最为集中，半数陶器都放置在那里。

在新石器时代晚期的一些遗址里，类似现象也能见到。如湖北枣阳雕龙碑遗址 1 号房址，为方形红烧土地面建筑，居住面上发现可复原的陶器有 10 多件，在门道口处也置有 1 件陶器。

房址内陈设着器具，还存有食物，门道口放有陶器，可以明显看出房子的主人是在决定不再使用它时将它捣毁后离开了。这些房址虽然不能像下面的例证那样明确判断是用火焚毁的，但也能看出是有意废弃的。

在有的新石器时代居址上则发现不少烧焦的梁柱和成层的草灰，室内遗有不少日常用具，甚至还有盛着粮食的陶器等。房子可以判断是毁于大火，而房主却没有把所需的物品从火中或火后抢救出来，房子也没有重建，这样的房子显然也是有意焚毁的。

例如河南郑州大河村发掘出的 19、20 号房址，在居住面上清理出陶器 60 余件，器物放置比较集中，一部分器物保存完整，在门道口也发现了陶器。在另外一些房址内，如 20 号房址则见到大量烧焦的木椽、梁柱和厚达几厘米的草灰，表明房子是专门积薪焚毁的。

在西安半坡遗址发掘出的第 41 号房址，亦是因大火而毁弃的，居住面上到处是木炭，还有陶器和石器，有的陶器中存有曾作为食物的

螺壳。陕西临潼姜寨遗址 14 号房址也是毁于大火。室内遗有不少生产
和生活用具，其中陶器就有 13 件，有的里面还发现有粮食，在门道口
的位置还塞有 1 件陶器，表明这座房址确实是有意焚毁的。

　　原始部族捐弃房屋风俗存在的原因，也应是与死者有关，是与安
葬死者相关的一种仪式。之所以要有捐弃房屋的仪式，可能有这样几
个方面的背景因素：

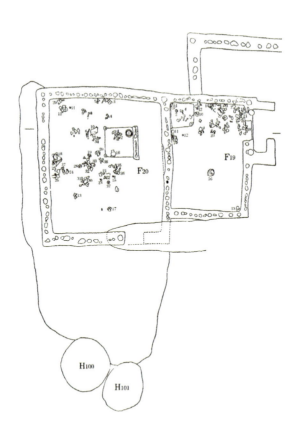

河南郑州大河村遗址 19、20 号房址

　　一是灵魂信仰。远古时代的先民相信万物都有灵魂，人虽死，但灵魂仍然存在。二是禁忌习俗。有的部族在有人去世后即刻毁房迁徙，为的是避开可能接踵而至的疾病与死亡。三是尊卑观念。在有些部族中，房屋捐弃的施行，仅限于死去的酋长或家长，与每死一人即弃一房的做法不同。四是财产意识。拉法格的《财产及其起源》一书论及房屋捐弃风俗，他以为这种捐弃是财产所有权的体现。

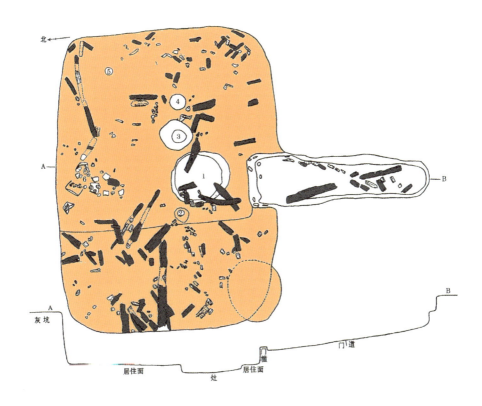

陕西西安半坡遗址 41 号房址

　　从这些原因考察，房屋捐弃风俗的实质，一半是为了死者，一半是为了生者。而且在有些动因上，同时是为了死者和生者，不能将两个动因完全分离开。

　　房屋的修建和废弃，体现了人类在物质与精神两方面的双重需求。在史前时代，房屋不只是人类身体的庇护所，它给予人类的，不仅是阻隔风雨寒暑，还要呵护人们的魂灵。它庇护人之身，也庇护人之心，它陪伴着人的死与生。

第六章

人口、婚姻与社会

男女成婚立家
耕织有分有合
两性出生不均等
社会自然调节应对
生老病患事
家中谨慎料理
大疾小伤凭祖法救治
试想有无乡土郎中行医

一、聚落与社区

　　考古学家们发现，许多较大的史前村落，往往建筑在距离水源不远的台地上。在早期新石器时代遗址上，考古学家已发掘的居址数以千计，以黄河流域发现的数量最为可观，尤以中游地区的仰韶文化房址发现最多。广阔丰厚的黄土层，非常适宜穴居、半穴居的居住方式。这些居址都按一定的规则建筑在各个遗址内，组成一个个村落。居址数量的多少，决定了村落的大小。一般来说，新石器时代早期的村落规模不大，后来逐步出现了较大的聚落。大规模聚落的出现，是经济发展和人口增殖的结果。渭河岸边分布着大大小小的仰韶文化村落，尤其是一些较大的聚落，不仅聚集着数量可观的大小房屋，而且有比较严谨的布局，构成一个颇具规模且独立性极强的社会单位，有些研究者认为这样的聚落就是一个氏族公社。

　　据统计，这些遗址面积一般在数万或十数万平方米，大的几十万乃至百万平方米，最大的如华阴西关堡、咸阳尹家村可达 100 万平方米左右。各遗址多数保存着房基、灰坑、陶窑、墓葬或大片墓地，整个聚落的布局往往井然有序。经科学发掘的重要遗址，如秦安大地湾、西安半坡、宝鸡北首岭、临潼姜寨、华县泉护村、陕县庙底沟、洛阳王湾、郑州大河村等，都可以看出当时村落的大致布局。其中以大地湾、半坡、姜寨、北首岭等地的村落布局较为清楚，居住遗迹也保存得较完整。

　　西安半坡遗址位于西安城东一条小河的二级阶地上，面积约 5 万平方米。遗址分居住区、氏族墓地及公共窑场三部分。居住区约 3 万平方米，居住区中心为一座大型的近方形房屋，推测为氏族公共活动场所。在这个中心以北发掘出 45 座中小型房基，房基分布虽不十分规矩，但门向大体朝南，形成了面向中心的一个半月形。房基附近发现了 200 多个窖穴，两处营造简陋的长方形建筑遗迹，应当是饲养牲畜的圈栏。遗址中发现的 70 多个幼儿瓮棺葬，主要分布在居址周围。围绕着居住区挖有宽 5 米、深 6 米的壕沟，为村落的防御性设施。沟北有氏族公共墓地，发现有 170 多座成人墓葬。沟东有窑场，发现了 6 个陶窑。

临潼姜寨遗址面积约为 5.5 万平方米，发掘面积 1.6 万平方米，揭露出一处比半坡更为完整的村落遗址，也是考古发掘到的保存最完整的新石器时代聚落遗址。居住区中心为一面积 4000 平方米的广场，广场四周的地势稍高，100 多座房屋基址构成 5 组建筑群，东、西、南三方各一群，北方两群，每群建筑物以一个大型房屋为主体，附近分布着十几座或二十几座中小型房址。小型房址又以中型房址为布局的次中心，构成一个个更小的单元。房址所有门向都朝向中心广场。有些房址附近分布着窖穴群或幼儿瓮棺葬群。广场的西边，还有两处牲畜夜宿场。居住区周围，挖有两条宽深各约 2 米的护村壕沟，在东部留有跨越壕沟的通道，建有寨门和哨所。壕沟外东北部及东南部有 3 片墓地，有 170 多座成人墓。西南的小河旁发现了几座窑址，是一处公共窑场。

秦安大地湾遗址分为两个部分，甲址位于五营河岸边，为仰韶文化早期的一处村落遗址；乙址位于甲址以南的小山坡上，为仰韶文化晚期的大型村落遗址。村落布局以北边山坡的 901 号大房子为中心，向南呈扇面展开。整个村落分成若干小区，每个小区中都有大房址和小房址。已经发掘的 240 座房址绝大多数都属仰韶文化时期，这是仰

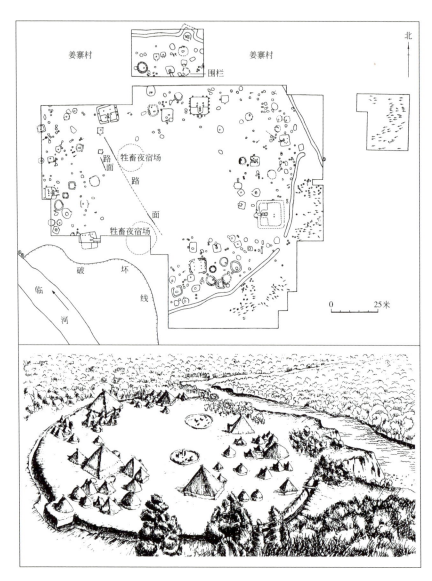

姜寨遗址及复原图

韶文化的一处山地村落，在聚落布局上别有特点，与半坡、姜寨等遗址不完全相同。

有研究者认为，北首岭、半坡、姜寨和大地湾所揭示出的村落布局，可能是几个氏族集聚的部落居址。无论是部落的居址还是单个氏族的居址，都形象地体现着氏族制度具有的那种向心精神。在居住区内见到的居址分组分群现象，显然与居民之间存在的亲疏关系有关。同一组居址内的居民，一定具有更为直接的亲缘关系，有着最近的同一直系祖先。

仰韶文化聚落的发展表现有一定的时代特点。半坡文化的村落面积较大，布局整齐有序，庙底沟文化至今还没有发现半坡文化那样的村落居址。到了仰韶文化晚期，聚落形态又有了新的变化，可能已经出现了围绕着高大城墙的城市。在郑州西山发现的一座仰韶文化晚期城址，是在黄河流域发现的年代最早的史前城址。城址平面近圆形，尚保存有高 3 米、宽 5—8 米的残垣，城外环绕着宽 5—7.5 米、深约 4 米的壕沟。城墙采用版筑法夯筑而成。城址规模并不大，城内面积估计为 3 万平方米。有研究者认为，这座城址的性质还只是一个具有中心聚落意义的城堡，属于"雏形城市"，也可能是"军事民主制时期部落联盟中心"，还不是一个真正统治一方的政治中心。

仰韶文化的聚落有这样几个明显的特点：有大小不同按一定规则排列的房子构成聚落的中心，有中心广场一类的公共活动场所，有公共窑场，居址外围建有壕沟、哨棚之类的防御设施，居址附近有分片的公共墓地。

二、家庭与婚姻

仰韶时代由于时代跨度较大，它的氏族社会、婚姻形态、家庭模式都发生过变化，许多研究者都通过聚落遗址和墓地发掘，对仰韶文化的社会结构形态和社会发展阶段开展了充分的讨论。

关于仰韶文化居民的婚姻方式，就半坡文化早期而言，许多研究者都认为是母系氏族的对偶婚，建立的家庭则是从妻居的对偶家庭。到半坡文化的晚期，这种婚姻方式有了明显改变，有的研究者根据多人合葬的流行，判断当时已开始向父系氏族阶段转变，家庭形式主要为父系大家族，婚姻形式则可能转变为从夫居的对偶婚。还有的研究者根据王家阴洼的墓葬资料，认为当时的婚姻方式既有一夫多妻制，也有一妻多夫制，用以说明仰韶文化婚姻方式的多样性。

关于对仰韶文化社会性质和所处社会发展阶段的讨论，大致有三种不同的观点：一种为"母系说"，认为仰韶文化处于母系氏族社会的发展阶段；一种为"父系说"，认为仰韶文化已处于父系氏族社会的发展阶段；一种为分段论，认为仰韶文化前期为母系社会，中、晚期已进入父系氏族社会。

"母系说"认为仰韶文化是以原始锄耕农业为基础的。民族学的材料证明锄耕农业主要由妇女承担，手制陶器也是妇女所从事的专业，有人研究仰韶文化时期妇女在社会经济中也这样发挥着主要作用。还认为在以原始锄耕农业为主的低下的社会经济条件下，人们是以血缘纽带联结而为氏族的，过着原始共产制的经济生活，世系以母系计算。仰韶文化墓葬材料中的男、女分别合葬，子女随母亲埋葬，华阴横阵那种二次集体埋葬以及对妇女、幼女的厚葬都明显地体现了母系氏族社会的特点。此外，像西安半坡和临潼姜寨的那种村落布局也被认为体现着母系氏族社会的社会结构。"母系说"认为仰韶文化处于母系氏族社会的繁荣阶段，由后来多人合葬墓的出现，表明仰韶文化已处于母系氏族社会的晚期阶段。

"父系说"除对"母系说"的观点逐一提出异议外，并为自己的观点提出依据：一是认为仰韶时期已达到锄耕农业的中期，处于第一次社会大分工之后，恩格斯《家庭、私有制和国家的起源》认为第一次社会大分工是父系氏族社会的基础，仰韶文化时期应该是父系氏族社会；二是认为仰韶文化墓葬中的随葬品及葬具有极大的差别，说明私有制已经产生，而私有制的产生便是父系氏族社会的标志。还有人或以轮制陶器的出现，或以多间房屋的出现，或与同时期其他原始文化社会发展状况相比较，认为至少仰韶文化后期已进入父系氏族社会。

从一些仰韶文化中晚期和时代相近遗址分间房屋的出现，可以看到家庭形态开始发生的变化。庙底沟文化开始出现了套间房址，虽然不普遍，却透露出了家庭形态变化的信息。又如郑州大河村遗址，发掘到多座分间房址，有分为4间的，也有分为2间的。其中19、20号房址就是相连的同一座房，20号为西间，面积约15平方米，中部有灶台；19号为东间，面积为7.6平方米，西北角有灶台。另外分为4间的房子，也应是由2间扩建而成，可以明确判断为家庭分化的结果。居住在同一栋房子里的人，应是属于同一祖先的家族，而在各小间的人则属于一个独立的小家庭，有独立的门户，有独立的经济生活。

由聚居的家庭构成氏族村落，村落与村落组成社会，考古揭示的人口、婚姻与社会，让我们得到的印象越来越清晰。

三、失衡的性别比例

男女两性的比例，即是性比，性比高低在社会中起着非常重要的作用，甚至可以说有决定性意义。性比平衡或大抵平衡，是社会发展的稳定剂。

统计表明仰韶居民中存在高性比现象，由高性比现象可以了解到其对当时的人口、婚姻与家庭状况产生的决定性影响。

通过统计分析，黄河流域的新石器时代，在公元前4500—前2000年这样一个时段范围内，特别是在仰韶文化时期，人口中的性别构成明显表现出男性多出女性的特点，性比在有的地方高达2.30∶1以上，性比异常的平均值可达1.82∶1。新石器时代异常性比还表现有地区性特点，黄河上游甘青地区性比稍低，中游附近地区主要是仰韶文化性比稍高，黄河下游山东地区性比更高。

社会成年人口异常性比的形成，既有出生性比异常的影响，也有死亡性比异常的影响。如果出生性比本来就比较高，男性多于女性，加上在青少年时段低性比（女性多于男性）的死亡结果，就会造成特高的异常性比。在艰难环境中生活的史前人类，女性在青年期的自然死亡率高于男性，这也是高性比形成的一个原因。史前时期青年女性的高死亡率，一定是怀孕和生育的意外造成的，这是不可避免的。

史前时代人为造成异常性比的因素中，杀女婴应当是最重要的因素之一。杀婴问题，据民族学的研究，它是史前社会普遍存在的现象。学者们在他们的有关著作中，经常会描述原始民族中发生的杀婴事实。

达尔文曾经注意到原始部族中异常性比问题，他进行调查统计后发现，南太平洋新西兰人男女性比为1.4∶1，印度特达人为1.3∶1，夏威夷考爱岛和瓦胡岛人为1.2∶1。达尔文认为杀婴可能是异常性比形成

中国新石器时代异常性比统计表

序号	文化类型	墓地名称	男性	女性	性比 （男：女）
1	仰韶文化	陕西西安半坡	52	10	5.20：1
2	仰韶文化	陕西宝鸡北首岭	55	23	2.39：1
3	仰韶文化	陕西西乡何家湾	66	45	1.47：1
4	仰韶文化	陕西华县元君庙	91	60	1.52：1
5	仰韶文化早	陕西临潼姜寨	68	51	1.33：1
6	仰韶文化中	陕西临潼姜寨	1170	683	1.71：1
7	仰韶文化中	陕西渭南史家村	441	224	1.97：1
8	仰韶文化	河南淅川下王岗	125	18	6.94：1
	小计		2068	1114	1.86：1
9	大汶口文化	山东兖州王因村	547	233	2.35：1
10	大汶口文化	江苏邳州大墩子	149	98	1.52：1
11	大汶口文化	山东胶县三里河	31	19	1.63：1
12	大汶口文化	山东诸城呈子	26	14	1.86：1
	小计		753	364	2.07：1
13	龙山文化	山东胶县三里河	48	36	1.33：1
14	龙山文化	山东泗水尹家城	37	6	6.17：1
	小计		85	42	2.02：1
15	半山－马厂文化	甘肃永登鸳鸯池	29	24	1.21：1
16	马厂文化	青海乐都柳湾	105	88	1.19：1
17	齐家文化	青海乐都柳湾	42	18	2.33：1
	小计		176	130	1.35：1
18	崧泽文化	江苏海安青墩中层	31	15	2.07：1
	合计		3113	1665	1.87：1

的一个重要原因，他在《人类原始及类择》中说："谋杀婴儿之事，通世界以极大规模通行之，不受非难，就中尤以杀女婴竟认为于部族有益，或至少亦无害。"杀婴"习惯之所由起，似因野蛮人有识所育一切小儿之给养甚困难，或不可能"。

对杀婴动机的解释，可以是多方面的，有经济上的原因，也有观念上的原因。

如果要指出其中造成高性比的最重要的原因，则主要是男性出生率偏高和残杀女婴两条，既有自然因素，也有人为的因素。

性比异常，不论是高还是低，都会影响到婚姻形态的改变。

人类异常性比出现的历史，可能与人类本身同样长久。在一些研究者看来，异常性比是在人类进化之初形成的，它或许可以看作人类历史上出现的一个最早的社会问题。异常性比不仅造成了那些多变的婚姻模式，也影响了人类社会发展的进程。

这样说来，人口的性别构成不仅会直接影响到婚姻形态，也会影响社会结构的变化，这又是一个值得探讨的问题。决定社会结构的因素固然是多方面的，性别构成也会影响到社会结构，这一点对史前时代而言，答案应当是肯定的。

四、两性分工

基于性别差异而形成的两性分工，在仰韶时代已经形成。

随着生产活动的扩展，仰韶文化居民的劳动分工逐渐细化。

在制石、制陶、木作、制骨（角、牙、蚌）、纺织和编织这些手工劳动，以及农业种植、家畜饲养、渔猎和采集这类直接食物的生产劳动中，需要的体力和技能不同，使得男女两性在社会分工上产生了明显差异。

一些研究者通过考察墓葬中两性随葬工具的差异，找到了仰韶文化居民劳动分工上的一些证据。随葬品一般是死者生前所使用的物品，特别是工具，由随葬的工具便可以观察到两性分工的区别。

华县元君庙和宝鸡北首岭遗址男女两性使用不同的生产工具随葬，反映了半坡文化居民性别劳动分工的真实情况。北首岭遗址半坡文化墓葬中的男性墓均随葬石镞和骨镞，有的还有石斧、磨石及石磨盘，女性墓随葬的工具只有骨锥和石研磨盘。

在临潼姜寨遗址一期 40 座有随葬工具的墓葬中，石斧全部出自男性墓，石球多数出自女性墓。

元君庙墓地只有少数墓葬随葬了工具，男性使用骨镞随葬，女性使用蚌刀、骨针和纺轮随葬。在南郑龙岗寺遗址早期墓葬中，陶锉和骨匕多出自女性墓，而石镞和骨镞多见于男性墓。

仰韶文化居民男女两性使用不同的工具随葬，表明男子主要从事工具制作、狩猎及农业中的部分重体力的劳动，妇女主要从事农业、纺织及缝纫等较轻体力的劳动。

有研究者还认为，庙底沟文化时期耕种方式的变化，锄耕农业技术的推广，可能同男性由主要从事渔猎转到主要从事农耕生产活动有关。

仰韶社会不论男女，两性在生产活动中有着合适的分工，为创造生活所需的物品竭尽心力。

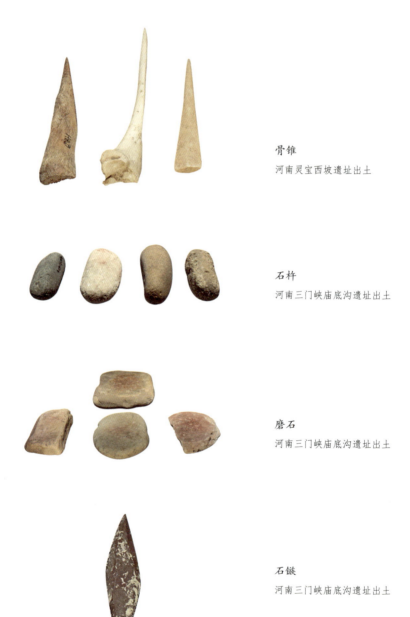

骨锥
河南灵宝西坡遗址出土

石杵
河南三门峡庙底沟遗址出土

磨石
河南三门峡庙底沟遗址出土

石镞
河南三门峡庙底沟遗址出土

五、健康和疾病

仰韶文化早期已经出现了大型聚落，聚落人口规模相当可观。从半坡文化的几处遗址和墓地可以大体了解到当时大型聚落人口的数量，同时对共居于同一聚落中的各氏族的人口规模也可以有一个基本的了解。

有研究者通过对横阵墓地的分析，推测该墓地是一氏族留下的遗存，并估定其存续时间为 100 年上下。依墓地死者为 330 人计算，当时横阵氏族经常性人口当保持在 56—72 人左右，或者还要稍多一些。姜寨遗址的发掘者依据居住区房屋面积和数量，及其可容纳人口的数目，推定每一氏族经常性人口应为 90—110 人，认为这里 5 个氏族的人口总数可能有 500 人左右。

又有研究者认为元君庙墓地可能代表了一个氏族单位，该氏族经常性人口保持在 55—62 人之间，最多可达到 96 人。元君庙墓地大体可区分为 8 个墓组，每组可能为一个小型家族，每个家族的经常性人口为 7—12 人。

龙岗寺墓地因为使用过程中有过中断，有研究者推断墓地代表的社会单位的年均人口为 55 人。王家阴洼墓地属于一个胞族中的两个互为婚姻的氏族共同拥有，估计墓地使用的时间为 50 年上下，每一氏族的保持性人口为 25—30 人。

仰韶文化早期聚落与氏族人口数量推测实际上还不能做得很准确，现在只能大体做出这样一个基本的估计：居住着多个氏族的大型聚落的经常性人口可能保持有 500 人左右，而每一氏族的人口则一般在 50—100 人之间。单一氏族的聚落人口，一般可能不会超过 100 人，少则仅为 30 人左右。

　　仰韶文化大规模墓地发掘较多，人口统计数据也较多，对当时的平均寿命和死亡率的估计比较准确。

　　综合对仰韶文化几处墓地的统计，可知仰韶居民的死亡率为4%—5%，成年人平均寿命为30岁上下。如果将未成年的死亡人口计算在内，则仰韶人的平均寿命只有20岁多一点。

　　对于仰韶居民健康状况和所患疾患的了解，主要也是通过骨骼研究获得的。

　　史家村人有股骨变形弯曲，腰椎椎体间形成骨桥、骨刺等现象，元君庙人牙齿普遍遭到严重磨损，也有压缩性骨折、骨刺的现象，表明半坡文化居民生活的艰难和劳动的繁重。由当时平均寿命判断，仰韶文化居民健康水平是相当低下的。下王岗文化居民人骨材料表明，当时所患的疾病有佝偻病、骨折和龋齿等。大河村文化青台居民则普遍患有增生性脊椎炎、龋齿，还有化脓性骨髓炎和骨巨细胞瘤等病例，表明当时劳动强度之大和口腔卫生之差。

　　在艰难环境中，为了维持生存，仰韶文化居民也逐渐积累了一些医疗知识，掌握了一些疗病的方法。元君庙居民人骨见有桡骨及颅骨陈旧性骨折，有研究者据此认为当时人们可能已具有一定的医疗护理知识。

第七章

大礼安魂

出世有生礼
安魂有葬礼
一致的方位
共同的墓地
随葬日用器具
关照冥间生计
夭折孩童安放在瓮中
穿一孔道为让灵魂转世

史前社会发展到一定阶段，人们开始思索生与死的问题。人们看到了人体虽然死亡，但精神依然存在，并由此做出这样的推论：在现实世界之外，还有一个鬼魂世界。他们开始崇拜鬼魂，产生了对死者的灵魂进行妥善安置的意识。人类渐渐地有了这样的共识，认为安抚亡灵的最好方式，就是举行隆重的葬仪，将死者的尸骨掩埋起来，寄托生者的哀思，祈求灵魂早日得到新生。

一、亲情依然

人类对亡故的亲人，从来就有事死如事生的传统，对遗骨从不敢草率处置。对于陆续死去的亲人，还要按一定的规则埋葬在一起，建立永久性的墓地，将往日的亲情寄予在先人的墓葬中。

史前氏族公共墓地的存在，是原始氏族制社会的一个显著特点。裴李岗、仰韶、大汶口、马家浜、崧泽、大溪和马家窑等文化的不少遗址，都发掘出了大面积的公共墓地，数十座乃至数百座墓葬，按一定的形式或秩序相当整齐地排列在一起。年代稍晚的大墓地，还出现了分区埋葬的现象，可能是以家族为单位的聚葬。墓地一般都在居址附近，正常死亡的成年人，都要埋入公共墓地内。

新石器时代较早的大型墓地，当数河南新郑裴李岗文化墓地，年代可早到距今 8000 年前。裴李岗墓地发掘到的墓葬有 100 多座，排列密集有序，一般为单人仰身直肢葬，头向西南，多数死者的随葬品很少，有的随葬有较多的生产工具。

新石器时代的墓葬以仰韶文化发现最多，迄今发现的仰韶墓葬总数已近 3000 座。仰韶墓葬多数为土坑墓，1/3 为瓮棺葬，前者多为成人葬，后者多为儿童葬。此外，还有一些零星发现的灰坑葬和不规则的墓葬。仰韶文化早期的大型居址附近，一般都有成片的氏族公共墓地，如西安半坡、宝鸡北首岭、临潼姜寨、华阴横阵、华县元君庙、渭南史家、南郑龙岗寺、西乡何家湾等地，都发掘到了规模很大的墓地，每个墓地埋葬的死者为数十人到数百人不等。

西安半坡遗址的氏族公共墓地在居址的北面，遗址发掘到的 170 多座成人墓葬，绝大多数都在这个墓地的范围内。墓穴排列整齐有序，埋葬方向大体一致，多数向西或接近向西。葬式以单人仰身直肢葬为主，也见到少量的俯身葬、屈肢葬、二次葬和不超过 4 人的合葬墓。只有近半数的墓有随葬品，随葬品数量不多，一般是五六件罐、钵、尖底瓶等日用陶器。

临潼姜寨仰韶文化的墓葬可以分为早晚两期。早期成人土坑墓有 170 多座，分为三个相对独立的墓地，墓穴排列大都较为整齐，都以单人仰身直肢葬为主，有少量的二次葬，墓向多数向西，一般随葬有日用陶器。晚期墓葬有 190 多座，集中埋葬在遗址中部，构成面积为 1000 平方米的墓地，以多人二次合葬为主，也有一定数量的单人一次葬，随葬品也是以陶器为主。姜寨发现的瓮棺葬多达 300 多座，一般都埋葬在居址附近。姜寨也发现了割体葬仪的证据。

华阴横阵村的墓地在遗址的东南部，发现成人墓葬 24 座。横阵人的埋葬方式有特别之处，有 15 座墓分别套葬在 3 个大墓坑内。1 号坑内套葬有 5 座墓，各墓内有 4—12 具数目不等的人骨，合计为 24 具。这些人骨多数为二次葬，但仍摆置成仰身直肢葬式，头向西方。每坑内都有以罐、钵和尖底瓶为主的陶器做随葬品。2 号坑内套葬 7 座墓，合计发现人骨 42 具。每座墓内合葬在一起的死者，男女老少均有。

华县元君庙发现墓葬 57 座，墓穴排列整齐有序。45 座分为 6 排，墓向朝西。2/3 为二次合葬，多数葬 4—25 人不等，合葬者没有性别年龄的限制。其他还有单人仰身直肢葬和单人二次葬。随葬品多为实用陶器，有的随葬骨珠有 1000 多枚。

渭南史家村发现墓葬 43 座，其中 3 座为单人一次葬，其他均为 4—51 人的多人二次合葬，墓向朝西。墓穴中的人骨成排或成层排列，一般也没有性别年龄的限制。多数墓都有以钵、罐和葫芦瓶等陶器为组合的随葬品。

河南淅川下王岗发掘到的仰韶文化墓葬有 570 多座，另有瓮棺葬 22 座。早期墓葬 120 多座，多分布在居址附近，分三区相对集中埋葬。均为单人一次葬，多数墓穴排列比较整齐，头向以西北方向为主。半数以上的墓有随葬品，以实用陶器为随葬品，有多例殉狗葬龟现象；中期的 450 多座墓大多数分四区相对集中埋葬，少数比较分散。289 座为二次葬，其中单人二次葬 202 座，其余为二人以上的多人合葬，多为 2—4 人的合葬，最多为 29 人的合葬；162 座为一次葬，其中 158 座为单人葬，以仰身直肢为主。多数墓有随葬品，随葬品多为专做的明器。

在许多仰韶遗址都发现了灰坑葬，如半坡、下孟村、横阵村、泉护村、庙底沟等处都见到了灰坑葬。横阵村一座灰坑中发现过 8 具人骨，下孟村的一座灰坑中发现 3 个头骨和 1 具人骨。

仰韶居民的墓葬，除瓮棺以外，多数都不见明显的葬具痕迹。只有少部分墓葬可以看出当初使用了葬具。如元君庙 458 号墓的死者为一男性老人，墓穴有二层台，台上堆砌有砾石，构成棺室。429 号墓的死者为两个少女，墓穴以红烧土块进行了铺垫。

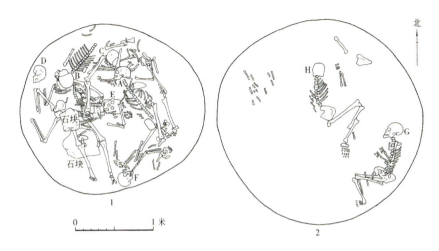

横阵遗址灰坑葬　1.第一层人骨 2.第二层人骨　A—H.人骨

考古发掘到的史前时代墓地还有许多，在此我们无法尽数。有的墓地埋葬死者多达数百上千人，墓穴排列整齐，墓上一定有地面标记，这使我们想到当时的葬仪一定有严格的规则，也可能还有专门的墓地管理人员。一座座布局井然的墓地，维系着死者们生前的亲情，也寄托着他们后人的片片深情。墓地是死者遗骨的归宿，也是生者情感的依托。

二、魂归何处

慎终追远，是史前时代就已经形成的传统。仰韶人已经有了完备的安葬死者的仪轨，并逐渐形成了相对固定的葬俗和葬制。我曾就新石器时代居民的墓葬方向进行过统计分析，发现先民们对墓葬的方向非常在意。研究表明，在新石器时代同一墓地乃至同一文化共同体的多数墓葬，都有大体统一的埋葬方向，死者的头颅都向着一个方向。

渭河地区的白家村文化，多数墓葬的方向为西方。这个传统为后来同地的仰韶居民所继承，仰韶文化数以千计的墓葬都以西向或略偏西北向为主。河南的仰韶文化墓葬除个别墓地外，方向多数向南或略微偏西。这传统承自更早的裴李岗文化，裴李岗文化几处墓地的墓向都是南向或南略偏西。河南龙山文化大部分墓葬的方向也为南向，这无疑是从裴李岗经仰韶文化遗留下的久远传统。

墓葬方向的选定，可能出自多方面的原因，最重要的则只有一种，那就是墓向表现了一种强烈的灵魂信仰观念。人们普遍认为人死后灵魂要回到传说中的祖先生活过的老家去，那是一个可以让灵魂安息的特殊的域界，所以在举行葬礼时要将死者的头颅向着这个方向。这么说来，墓葬的方向在史前人类的心目中起着引导灵魂回归的作用，心向故土，回归故土，这千古难以更改的传统观念就是这样悠久。

在研究史前墓葬方向的过程中，我还注意到史前时代对于凶死者和有不幸遭遇的死者，要采用与正常人不同的葬式，而且他们在墓穴内的头向也与多数人不一样。这些墓葬的方向与多数墓葬的方向正相反，相差180度左右，至少错开90度。这样的墓葬除了墓向与众不同，还有两个明显的特点，即它们埋葬的位置是特定的，葬式也有明显区别。这些墓穴往往被安排在墓地与墓区的边缘部位，而且一般是在正常死者头向相反的位置，可能是怕阻碍了多数死者魂灵的归途。这些死者的葬式也被处理得与众不同，他们不能像一般人那样按传统姿势躺在墓穴中：如果多数死者仰卧，他们就得俯卧或屈身；如果多数死者俯卧，他们就得仰卧或侧身。还要提到的是，这些死者几乎都没有什么随葬品，他们确实没有享受到正常人的待遇。

我将这种墓向与众不同的埋葬称为"逆向埋葬"，它是史前人对非正常死亡者的一种特殊埋葬。凶死者与正常死亡者灵魂的归宿不同，所以为他们的灵魂指路的埋葬的头向也不同。人们普遍认为，死者的魂灵一般是不会带来什么好处的，那些恶灵自然就更别提了。为了避免恶灵的伤害，就要找出一些特别的办法，人们深信改变安葬的头向就是其中的有效方式之一。于是，我们在许多墓地中就发现了方向与众不同的那些墓穴中的死者，这种特别的待遇正表明了死者特别的人生遭遇，这是一些永远也没有权利归返故土的孤独的魂灵。

对史前人类而言，死者墓葬的方向，可能确实表示着灵魂的去向，也就是所谓"灵界"的方向，或者就是传说中的氏族起源的祖居地方向。古人相信，人死后的灵魂要回归故土，所以要用墓葬的方向来指引回归的方向。白家村文化和仰韶文化居民墓葬以西向或西北向为主，也许他们认定自己的祖居之地是在居址的西部。这个传统嬗递了数千年。

三、回归自然

史前人的埋葬方式，大致有平地土葬、土坑葬、瓮棺葬等，还有洞穴葬和石棺葬等。平地土葬是在平地上直接堆土掩埋尸体，长江下游的新石器时代居民习惯采用这样的方式，马家浜、崧泽、薛家岗文化都发现有许多这样的墓葬。土坑葬为史前时代最为流行的一种葬法，墓坑有深有浅，有大有小，以单人葬多见，也有合葬。土坑葬是裴李岗、仰韶、大汶口、龙山等文化墓葬的主要形式。瓮棺葬是以大型陶器盛尸埋葬的形式，主要用于掩埋夭折的儿童。

考古学家们通常描述的葬式，就是死者安葬在棺木中或墓穴中的姿势。葬式有许多区别，按考古报告上的描述，有仰身直肢葬、俯身葬、屈肢葬、蹲踞葬、二次葬、单人葬和合葬等。

仰身直肢葬。这是史前最常见的一种葬式，死者仰身平置墓穴中，手足自然平直放置。古代以仰卧为最自然的睡眠姿势，葬式采用仰身直肢的方式，显然是为了让劳顿一生的死者好好安息。

俯身葬。与仰身直肢葬相反，死者俯身安置在墓穴中，手足平置。马家浜文化居民盛行俯身葬式，类似葬式在仰韶文化、大溪文化和齐家文化中也有一些发现。一般认为这种葬式是用于安置非正常死亡者的。

屈肢葬。这是将死者肢体盘屈捆扎后进行安葬的一种比较特殊的葬式，死者侧卧在墓穴中。屈肢葬最早见于白家村文化，较多发现于大溪文化和马家窑文化，到了青铜时代，在关中地区仍很流行。人们对屈肢葬这样进行解释，说将死者按屈肢方式埋葬，是为了使他回复到出生前在母腹中的状态。回归到了这种状态，显然是为了让死者尽早得到再生，这是生者对死者的期待。

蹲踞葬。这种葬式与屈肢葬有相似之处，死者仍为盘屈的葬式，但头颅是向上方的，取蹲踞姿势。蹲踞葬的用意也是要让死者回归到出生状态，早日得到新生。

二次葬。在通常情况下，史前人对死者的埋葬都是一次性的，但考古中也发现过不少二次葬墓。二次葬是在人体死亡后先做一次临时性埋葬，待尸体腐烂后再拾骨重新安葬，埋入公共墓地。二次葬有两种情形，一种是在进行二次埋葬时，将尸骨仍按仰身直肢的方式摆放，与一次葬没有明显分别；另一种为"捡骨葬"，仅将头骨和肢骨等大件堆放在墓穴中，这种埋葬一般为多人合葬时所采用，每位死者的尸骨各自堆放为一堆。在大汶口文化的山东兖州王因墓地、仰韶文化的渭南史家村、临潼姜寨、华阴横阵村和淅川下王岗墓地，都发掘出大量的二次葬墓，有时还能见到将数十人按顺序埋入同一座墓穴中。相似的二次合葬墓，在东北、华中和华南都有发现，它在某一特定时期比较流行。二次合葬的用意在于，当时人们相信血肉是属于世间的，等血肉腐朽才做正式埋葬，死者才能进入鬼魂世界，所以要举行二次捡骨葬仪。二次合葬则是对死于不同时间的具有亲缘关系的死者的聚葬，让那些灵魂能更为亲近。二次葬随葬品的种类和数量，与一次葬没有明显区别。

仰韶人在较早阶段流行单人仰身直肢葬，后来又一度在很大范围内实行二次合葬，表现了社会结构、观念与习俗的重大改变。类似的变化在大汶口文化及其他一些文化中也能见到，但后来又都重新采用一次葬的形式。

将死亡状态与出生状态相关联，回归自然，期待再生，这是史前先民的心愿。远古时代人类的各种正常的葬式，都是为了让灵魂得到安息，为了让死者尽快得到新生。

四、瓮中精灵

新石器时代还有一种十分特别的埋葬方式，就是将死者的尸骨放置在陶器中埋葬，以陶器为棺，所以称为"瓮棺葬"。用作瓮棺的葬具，主要是瓮、缸、钵、盆、鼎、豆、罐等陶器，一般都是实用器，也有的是专制的瓮棺。常常是用一种较大的容器放置尸体，再以小一些的陶器做棺盖，可能还要用绳索拴系牢固。

瓮棺葬在中国新石器时代较早的阶段就已出现，陕西西乡李家村和临潼白家村遗址都发现了年代较早的瓮棺，可以早到距今7000多年前。仰韶文化居民流行儿童瓮棺葬，儿童瓮棺多葬在居址附近，也有

瓮棺
河南灵宝城烟遗址出土

埋入氏族墓地上的专有墓区的。如半坡居民对夭折的儿童使用瓮棺埋葬，发掘到的 73 座瓮棺，绝大多数埋葬在居址周围。葬具一般选用大陶瓮，以盆或钵做棺盖。一些做盖的陶盆都绘有精美的人面鱼纹之类的纹饰，有的底部还特意凿有小孔。曾经出现在我们中学历史课本里的人面鱼纹盆就是瓮棺上面的盖，更多的人认为它可能不仅为葬具，还寓重生之意。盆底小孔，相传为灵魂之门，寄托着古人对孩子再世为人的祈愿。鱼纹栩栩如生，象征着生命的跃动与不息，或许在古人心中，鱼能引领孩子的灵魂，穿越幽冥之水，重获新生。这种盆并非仅为葬具，更承载了古人对生命不息、循环往复的质朴信仰与深切期盼。

人面鱼纹盆
陕西西安半坡遗址出土

个别儿童也有用土坑葬的，但没有埋入公共墓地，而是同瓮棺葬一起埋葬在居址附近，我们由此感受到其亲人的依依不舍之情。

仰韶文化北首岭遗址的居址内也发现了50多座儿童瓮棺葬，做盖的陶器底部也都凿有孔洞。姜寨遗址的儿童埋葬方式有明显变化，一部分用瓮棺埋葬在居址周围，也有的瓮棺埋入成人墓地，与一些用土坑葬埋葬的儿童集中在一起，形成儿童墓群。姜寨儿童瓮棺达300多座，是考古发现瓮棺葬最多的一处。

河南发现的仰韶文化墓葬不多，在300多座中多数为瓮棺葬。在洛阳王湾、郑州大河村都发现过较大的瓮棺葬群，常用大型小口尖底瓶为葬具,其他还使用鼎、豆、罐、盆、缸等,一般用2件扣合为棺。

瓮棺向我们展示的不仅是人类的亲情,还有史前生存的艰难,那里面盛满了史前时代的伤悲与不幸。

五、大礼安魂

为了寄托哀思,人类在各个历史阶段都有富于时代特点的隆重葬仪。举行葬礼的目的,就是用生者的情安慰死者的魂。

史前人对死者的安葬,已经有了许多特别的礼仪。在繁复的葬仪中,随葬品的选用是最常见的节目之一。对于一个特定的死者,采用什么样的随葬品,各类随葬品的摆放位置,在史前人那里都有一定之规,不可随心所欲,也不会草率行事。不论是否真的相信死去的人还会有生前的日常需求,为了安抚亡灵,生者总是要为死者随葬一些生活必需品,让他们继续在冥间使用。新石器时代居民使用的随葬品,主要是陶器、生产工具、装饰品和食物,有时还用牲体或全牲。

随葬用的陶器,通常是日常用具,很可能是死者生前使用过的东西。到新石器时代后期,有了专门烧制的陶质明器,这是人类最早制作的专用随葬品。随葬用的生产工具也都是一些实用的器具,有些地区男性常用石斧、石铲、石锛,而女性则用纺轮和磨盘等,是他们生前经常从事的生产活动的一个极好的说明,我们由此看到了史前人的社会劳动分工已有了明显的性别特征。如仰韶文化的元君庙墓地,男性随葬有狩猎用的骨镞,而女性则随葬用于收割、纺织和缝纫的蚌刀、骨针和纺轮。

仰韶文化居民的随葬品,多数是以生前实用的陶器为主,少用工具和装饰品。充作随葬品的陶器,一般是钵、罐和造型特别的尖底瓶。

单旋纹彩陶盆
河南三门峡庙底沟遗址出土

红陶钵
河南灵宝阳店镇中河村出土

夹砂陶罐
河南灵宝城烟遗址出土

这些陶器常常放置在死者小腿以下的部位，不常见到的生产工具则放置在腰部，装饰品一般在佩戴的部位。

史前先民把牲畜作为随葬品，一般只将牲体的一部分埋入墓中，如蹄脚、头颅和牙齿等。中国新石器时代墓葬中发掘到的牲畜遗骸，以猪骨为多。葬猪可能还有特别的用意，我以为它在一定程度上反映了一种原始宗教观念。也许从事农业活动的每个家庭都要喂养猪，猪肉是农耕部族的美食，也是他们献给神灵最好的祭品。

在新石器时代早期，人们能送给死者的随葬品数量有限，彼此之间也没有太明显的差别。这一方面反映了社会的平等状态，另一方面也说明社会生产力比较低下。到了新石器时代末期，出现了一些规模很大的墓葬，墓主人的随葬品明显多于其他死者。富有的大墓可以见到多达数百件的各类随葬品，而大量的小墓却一无所有。这种现象的出现，不仅显示出了明显的贫富分化，也表明社会产生了一个权贵阶层，以平等与平均为重要特征的史前社会开始崩溃。

第八章

彩陶灼灼

彩陶
是仰韶人的心灵之约
彩陶
是信仰传播的媒介
象形抽象成认同的符号
得意之后没忘原象
心中的神是永远的主角
红与黑成为最有力度的对比色

一、制陶有术

　　陶工应当是人类社会的第一批手工业者，陶工的出现是原始社会分工中意义非同寻常的事件。

　　对史前的先民来说，陶器是他们最有用处的日用器具。稳固的定居生活离不开大量的容器，汲水、烹调、饮食、贮藏，都需要容器。在竹木皮囊之类的制品再也不能满足需要的时候，陶器便从史前熊熊的窑火中诞生了。

　　考古学家们到现在也没有真正弄明白，人类为何要突发奇想，要让黏土变成器具？我们确实无法知道1万多年前人类发明陶器的契机何在，仅仅只能做出一些似是而非的推测而已。或许它并不是一项刻

陶杯
河南三门峡庙底沟遗址出土

意的发明，而是因了某种偶然的发现，才使人类完成了这事先并没想到的伟大创造。曾经有这样一种推测说，起初人们可能因某种特别的需要，常要使用一种抹有泥片的竹篮，篮子不慎烧坏了，可人们发现烧过的泥片却更坚实了。也许是湿地上一次次燃起的篝火，将地面烤红变硬，将不知什么原因落进火中的泥团烧成某种结结实实的形状。总之，应当是类似的一些原因，使人们逐渐认识到了黏土的性能，懂得了它能在高温中产生质的变化，获得了最初的物化知识。黏土本为古老的岩石风化而成，加热至800℃以上，就能变成结构紧密的新型物质，这物质便是我们所称的"陶"。事先将黏土捏成一定的形状，焙烧后就是陶器了。在科学观念处于萌芽状态的史前人那里，认识到这种质的变化并不容易，要完成制陶术的发明就更是不易了。毕竟当时人们掌握的知识太有限了，用我们现代的头脑来猜度这个发明的详细过程，是一件多么不容易的事！

在我们的古代传说中，有三个人享有陶器的发明权，即昆吾、神农、黄帝。佚书《世本》说"昆吾作陶"，还说"神农耕而作陶"，《古史考》说"黄帝始造釜甑"，总之那是十分遥远的事了。陶器应当是人类生活发展到一定阶段的产物，是长时期实验的结果。陶器主要用于农耕部落的饮食生活，它是因了烹饪的需要而发明的，"耕而作陶""始造釜甑"的说法也是极有道理的。

制陶术在中国的发明，可以追溯到距今1万年前，在华南地区的一些洞穴遗址中发现了测定为1万年的破碎陶片，火候较低。到了距今8000年上下时，制陶业已较为发达，工艺技术渐趋成熟，简单的彩陶也开始出现了。距今6000年前后，制陶术的发展进入到一个高峰时期，陶器的火候较高，器形变化较多，器表装饰多样化，彩陶比较普及。此后不久，制陶术又有了明显的进步，轮制技术普遍采用，出现了薄胎陶器，磨光黑陶和蛋壳陶技术代表着这一时期的最高水平。

　　仰韶文化是新石器时代制陶术发展的一个重要的阶段。这些造型各异、色彩斑斓的彩陶瑰宝，是数千年前先民智慧的结晶。

　　尽管时光流转，我们已无法亲眼见证彩陶的制作过程，但考古发现为我们揭开了其神秘的面纱。先民巧手塑形，用心描绘，将生活与自然融入其中，创造出这些不朽的艺术品。

　　首先，精选陶土。史前的先民们一般会选用低钙高铁易熔黏土、镁质易熔黏土、高铝质黏土。从地下挖出的陶土还要经过淘洗，去除杂质，要求纯净细腻。这种质量较好的纯黏泥做原料制成泥质陶，适宜制作密度较高的饮食器具。有的时候还要特意在陶土中掺进砂粒、炭粒、谷壳、蚌末、云母片等，制成的粗陶具有耐高温的特点，多用于炊器与大型储藏器具的制作。

满饰绳纹的夹砂陶罐

河南灵宝城烟遗址出土

　　其次，陶器成形。仰韶文化前期的制陶技术，主要采用泥条盘筑方法，制成陶器的粗坯。制作较大的陶器，以泥条分别盘成陶器各个部分，再连接拼合成整器。接着经修削、拍打或压磨，在轮盘上修整器形或口沿，使胎壁坚固匀实，器表常见的绳纹就是拍打工具留下的印痕。有的器形还须精细打磨，有的则需装饰其他必要的纹样。有的陶器还进行了慢轮修整，器形比较规整。在西安半坡、长安马王村、铜川李家沟、宝鸡北首岭等遗址都发现了陶工使用过的陶轮盘，当然还有更多的木质轮盘没有能够保存下来。仰韶文化中晚期，人们在慢轮修整的基础上发明了初级快轮制陶技术，将陶泥放在轮盘上，在旋转中用双手直接拉成器坯。仰韶人用快轮制成的只有少数杯、碗、盘之类的小型器物，多数大器物仍然要在慢轮上制作。王家阴洼半坡文化的一些陶器底部有偏心圆纹，这是用线绳从陶轮上割离陶器的工艺痕迹，这种工艺产生于快轮制陶之前，它是后来快轮制陶的重要工艺程序之一。

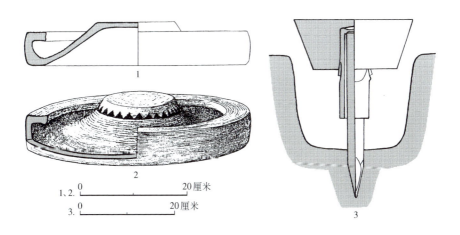

半坡文化的陶轮盘装置图

　　再者，彩绘加工。在器坯晾干后，一些细泥或泥质陶器还要经过打磨，主要是为了绘出彩色花纹，最后入窑焙烧。在彩陶绘制工艺的研究中，矿物颜料块的发现为我们提供了宝贵的线索。

　　陕西宝鸡北首岭遗址出土有绘制彩陶的红色颜料块，经过科学鉴定，它由三氧化二铁和石英混合而成，属于天然赤铁矿石。这种颜料是史前时期烧制红彩的主要原料，体现了古人对色彩运用的高超技艺。同样，在陕西高陵杨官寨遗址的一座墓葬中，也发现了一块放置在墓主上臂外侧的红色颜料块。经过细致的检测，这块颜料同样由赤铁矿制成，但其制作更为精细。颜料颗粒均匀，混合了石英、碳酸钙等物质，并添加了动物胶类黏合物，显示了古人对颜料制作的精细把控。

　　通过对已发现的矿物颜料块和彩陶上的彩绘进行取样分析，我们得知，这些颜料主要来源于赤铁矿的风化物——赭石。赭石的主要成分是氧化铁，这也是红彩的主要成分。此外，古人还利用了含铁量高的红色黏土和朱砂作为颜料来源，这些材料在自然界中较为常见，易于获取。

颜料块

陕西宝鸡北首岭遗址出土

绘彩用具

陕西临潼姜寨遗址出土

随着古人对颜料掌控能力的提升，黑彩、白彩等颜色也相继出现在彩陶上。黑彩的主要成分包括锌铁尖晶石、磁铁矿和锰铁矿，有时还需要混合不同成分的矿物颜料，以达到理想的彩绘效果。白彩则主要由石膏和方解石构成，也有使用高岭土进行施彩的情况。这些发现不仅丰富了我们对史前彩陶工艺的认识，也展示了古人对色彩运用的精湛技艺。

黑红双彩陶器座

河南三门峡庙底沟遗址出土

除了颜料，在临潼姜寨遗址还发现了用作随葬品的研磨颜料的石盘，墓主应当是专门制作彩陶的陶工。在彩绘的考古研究中，尽管研磨棒、石砚、颜料块和水杯等均已出土，但蘸取颜料的工具尚未发现。研究者通过观察彩陶表面的笔触痕迹，推测其上色工具可能类似毛笔，使用狼、鹿等动物的毛发或植物纤维制成。这些材料对颜料有良好的凝聚性，但因其有机性质，难以在漫长岁月中保存下来。因此，尽管彩陶上的美丽花纹仍在，但绘彩的"笔"却已成为历史的谜团。

最后，入窑焙烧。陶器成形、装饰以后，经过一段时间晾干，就可入窑焙烧了。新石器时代最初烧陶并无专门的陶窑，只是在平地堆起器坯与燃料，外面抹泥密封，点火闷烧就能得到比较适用的陶器了。仰韶文化用陶窑烧制陶器，半坡文化的陶窑一般建在村

彩陶上的笔触

落附近。陶窑发现最多的地点是大地湾遗址，不同形式的窑址共有 30
座之多。在姜寨还发现了半坡人的制陶作坊遗址，有制陶工作平台，
平台上遗留有陶土和未及入窑的陶坯。

仰韶文化陶窑主要分为横穴窑和竖穴窑两种，盛行横穴窑，也有
竖穴窑，前者发现较多，结构比较原始。陶窑由火口、火膛、火道、
窑箅和窑室组成，火膛的两端分别接连火口和窑室。早期横穴窑的火
膛和窑室大致处在同一水平面上，火道分中央火道和环行火道两部分，
由较长的火膛终端斜上通入窑箅下部，窑室直径在 1 米左右。由于这
类陶窑窑室容量较小，一次只能烧几件陶器。

仰韶中期烧窑技术提高，陶窑的火膛长度缩短，使火力得到了充
分利用。半坡和庙底沟文化陶窑的区别，是前者陶窑的火膛，完全位
于窑室的一侧，火口与窑室的距离是庙底沟文化陶窑的 4 倍左右，这
是典型的横穴窑。庙底沟文化的横穴窑在火道上增设了箅子和火眼，
使横穴窑在火力的控制上得到了加强。

仰韶文化的竖穴窑在半坡时期已经出现，窑室设在火膛上方，有
数股火道连接火膛与窑室。后来竖穴窑的窑室进一步改进，底部有多
股沟状火道，上面设有多火眼的窑箅，使火力更为均匀。

到了仰韶文化晚期，陶窑火膛更短，窑室容量更大。仰韶文化
陶窑构造的不断改进，提高了能源利用率，是烧陶技术进步的结果。
仰韶文化陶器烧成温度一般高于黄河流域以外其他地区，达到 900—
1050℃。

史前陶工就是这样，在实践中不断地改进陶窑的结构，也不断提
高制陶工艺水平，烧制出多姿多彩的陶器。窑火中寄托着陶工的希望，
寄托着先民的追求。

他们留下的作品，大部分还保存在他们的废墟与墓穴中，也有许

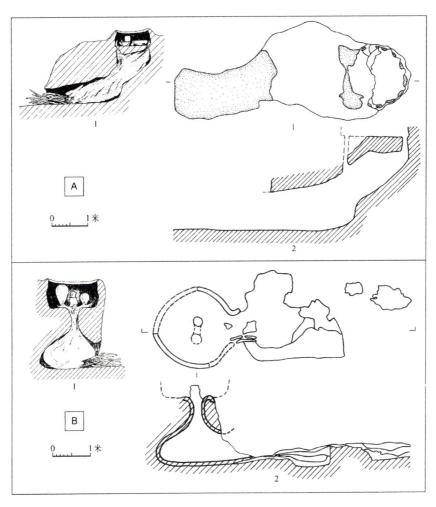

仰韶文化陶窑

A. 半坡 3 号陶窑 1. 复原图 2. 平面、断面图

B. 半坡 2 号陶窑 1. 复原图 2. 平面、剖视图

多珍品已经摆到了我们现代博物馆的展柜里，供我们研究欣赏，让我们揣摩无名陶工的匠心。

二、彩陶之美

陶器一经发明，它的装饰就受到新石器时代陶工的重视，他们通过刻意美化陶器的方式美化自己的生活。

彩陶是史前时代最卓越的艺术成就之一，是人类艺术史上的一座丰碑。陶工为彩陶描绘的纹样变化多样，他们采用各种各样的母题，既取材于自然事物，也抒发自己的情感。不同文化传统的陶工，他们经常描绘的图案是有区别的，表现的主题不同，色彩的运用也各有特点。

在中国黄河流域最早对陶器进行彩绘装饰的，是白家村文化居民，尽管当时的彩陶还只有非常简单的图案，色彩也比较单一。后来的仰

宽带纹三足彩陶钵
陕西临潼白家村遗址出土

韶文化居民大大发展了彩陶艺术，马家窑文化居民将这一艺术的发展推向了顶峰，制作出许多精美的彩陶作品。新石器时代彩陶是史前人审美情趣的集中体现，也是史前艺术成就的集中体现。

仰韶文化的彩陶是最先受到研究者们关注的对象，也是考古最早发现的彩陶。仰韶文化前期彩陶以红地黑彩为主要特色，纹饰多为动物形及其变体，具有浓厚的写实风格。还有不少几何形纹饰，纹饰线条多采用直线，纹饰复杂，代表了黄河流域彩陶的主流。后期除了红地黑彩，还出现了白衣黑彩，依然能见到写实图案母题，更多见到的是花瓣纹与垂弧纹等，纹饰线条多采用弧线，纹饰比较简练。

半坡居民和庙底沟居民的彩陶都盛行几何图案和象形花纹，纹样的对称性较强。发展到后来，纹饰格调比较自由，内容增多，原来的对称结构发生了一些明显变化。半坡居民的彩陶流行用直线、折线、直边三角组成的几何形图案和以鱼纹为主的象形纹饰，主要绘制在钵、盆、尖底罐和鼓腹罐上。大多数彩陶只是在口沿上画一圈黑色宽带，

刻符彩陶钵
陕西临潼姜寨遗址出土

象形纹饰有人面、鹿、蛙、鸟和鱼纹等，鱼纹常绘于盆类陶器上，被研究者视为半坡居民的标志。鱼纹一般表现为侧视形象，有嘴边衔鱼的人面鱼纹、单体鱼纹、双体鱼纹、鸟啄鱼纹等。早期鱼纹写实性较强，到晚期部分鱼纹逐渐向图案化演变，有的简化成三角和直线等线条组成的写意图案。在有的器物上，写实的鱼、鸟图形与三角、圆点等几

鱼鸟纹彩陶壶

陕西宝鸡北首岭遗址出土

鱼鸟纹彩陶葫芦瓶

陕西临潼姜寨遗址出土

弧线三角纹彩陶盆

河南三门峡庙底沟遗址出土

花瓣纹彩陶盆

河南三门峡庙底沟遗址出土

　　何纹饰融为一体，彩纹富丽繁复，寓意深刻。在何家湾遗址出土的一件彩陶盆上，盆中心绘一较大的人面，在它周围绘有 4 个小人面，与半坡遗址所见的人面彩绘相似，但不见鱼纹装饰。在陕西南郑龙岗寺遗址出土的一个尖底陶罐上见到的人面彩绘更加精彩，尖底罐腹部上下分两排绘 10 个神态不同的人面像，是一件非常难得的彩陶艺术珍品。

　　庙底沟居民的彩陶常见于盆、钵和罐，增加了红黑兼施和白衣彩陶等复彩，纹饰显得更加亮丽。彩绘的几何纹以圆点、曲线和弧边三角为主，图案显得繁缛，其中以研究者所称的"阴阳纹"彩陶最具特色。阳纹为涂彩部分，阴纹是未涂彩的地色，阴阳纹都表现出强烈的图案效果。庙底沟几何纹彩陶主要表现为花卉图案形式，它是庙底沟彩陶的一个显著特征。花卉图案以若干相同的单元并列，构成二方连续式的带状纹饰，有的图案还有以斜曲线为各单元的分界，可以识别出来有花冠、蕾、叶、茎蔓组合成图及合瓣花冠构成的盘状花序两种图案。花卉图案在庙底沟

旋纹彩陶盆
陕西华县泉护村遗址出土

类型从早到晚的发展中，经历了由较为写实向简化的过渡，庙底沟彩陶对周围地区的影响也主要表现为这些花卉图案的大范围传播上。

庙底沟彩陶的象形题材主要有鸟、蟾和蜥蜴等，不见半坡彩陶的鱼纹。鸟纹占象形彩陶中的绝大多数，既有侧视的形象，也有正视的。鸟形的种类有燕、雀、鹳、鹭等，鸟姿多样，有的伫立张望，有的振翅飞翔，还有的伺机捕物或奋力啄食。与半坡的鱼纹一样，庙底沟的鸟纹也经历了由写实到抽象、简化的发展过程，一部分鸟纹也逐渐演变成一些曲线而融汇到流畅的几何形彩陶中。

在这样一个繁荣的彩陶时代，我们发现有些彩陶纹饰是某一地某文化所仅见的，也有些纹饰在不同的地区都有发现，受到不同文化传统的居民的共同喜爱，由此可以看到远古文化存在地区间的交流，也表明了一定意义上的文化融合。如仰韶文化彩陶常见的花瓣纹，在大汶口文化、大溪文化彩陶上都有较多发现，它的分布几乎遍及整个黄河流域和长江中下游地区，而且年代比较接近，构图表现出惊人的相似性。

中国新石器时代彩陶图案母题，多为变化多样的几何形，人形与动物形比较少见。彩陶不仅仅是将粗糙的陶器变得多姿多彩了，丰富的纹饰也不是陶工们随心所欲的作品，而是那个时代精神的表露，是人类情感、信仰的真情流露。考古已经发现了许多新石器时代的彩陶艺术珍品，它们的纹样有的让我们一看便似乎能明了其中的意义，有的却又让我们百思不得其解，任人们众说纷纭，它们依然还是一个个未解之谜。

有时对一些新发现的古代艺术珍品，由于它们的过于精美而令人难以置信，甚至不能承认。我们根本无法理解，不知从何进行解释，这应当说都是正常的。史前人将自己的灵魂注入到了他们的艺术中，我

旋纹彩陶盆

河南三门峡庙底沟遗址出土

花瓣纹彩陶壶

山东泰安大汶口遗址出土

们可能永远也不会知道史前艺术家在进行他们的艺术创作时想到了什么。那么，我们如何才能理解史前人的艺术语言呢？我想最简单而又最不容易的办法是，让我们的大脑穿越时空，回到遥远的史前。我们的好奇心常常驱使着我们，要将那些一时无法真正明白的事物考究出一个结论来，这种努力是必要的，也是值得的。我相信作为后代子孙，总会拥有对先祖行为完全理解的能力，总会对史前艺术理解得越来越透彻。我们有这种强烈的愿望，这愿望还会感染我们的后人，他们终会有达到这种境界的那一天。

三、鱼鸟之思

仰韶文化彩陶距发现已有 100 多年，彩陶纹饰主题多种多样，有摹写的动物纹，更多的是各类几何形纹饰。研究的结果是几何形纹饰大多是由动物纹变化而来，这让我们领会到几何形纹饰具有的象征意义，领会到艺术与信仰的密切关联。艺术是信仰飘扬的旗帜，彩陶正是这样一面传播信仰的旗帜。

古代有鱼变幻为飞龙的神话，也有鱼变幻为飞鸟的神话，如《庄子·逍遥游》说："北冥有鱼，其名为鲲。鲲之大，不知其几千里也。化而为鸟，其名为鹏。鹏之背，不知其几千里也。怒而飞，其翼若垂天之云。"传说大鱼长不知几千里，宽不知几千里，一日冲入云霄，变作一大鸟，可飞数万里，名曰鹏。所以后来大鹏也出现在了李白的诗中："大鹏一日同风起，扶摇直上九万里。"李白复述的正是庄子说的神话。鱼龙和鱼鸟的故事，在史前时代的仰韶文化彩陶纹饰中就已经显现，那是在距今 6000 年前。

仰韶文化彩陶分类系统中，鱼纹占有非常重要的地位。鱼纹有少量为写实图案,不少是抽象的几何化纹饰,更多的是完全几何化的纹饰。辨析这些几何化的与鱼纹相关的纹饰,证实庙底沟文化广泛流行的叶片纹、花瓣纹、"西阴纹"、菱形纹、圆盘形纹、带点圆圈纹等,大都是鱼纹拆解后重组而成的,这些纹饰构成了一个"大鱼纹"象征系统。

　　鱼纹彩陶是半坡文化的一个重要标志,在陕西的不少遗址中都有发现。半坡文化的鱼纹分为两类:一类为写实的具象纹饰,一类为变形纹饰。当然还有一些几何形图案被认为是鱼纹演变而成,但一般并不将它们归入鱼纹之列,因为这些纹饰已经看不到鱼的形体特征了。

　　人面鱼纹彩陶盆,是半坡文化绚烂的瑰宝。这些盆内壁的人面鱼纹,以圆脸、细眼或椭圆双眸、三角尖帽和衔鱼之姿,展现了独特的艺术魅力。黑色彩绘的口沿,或线条交织,或色块点缀,增添了古朴神秘

鱼纹彩陶盆
陕西西安半坡遗址出土

变体鱼纹彩陶盆
陕西西安半坡遗址出土

鱼纹彩陶盆
陕西千阳丰头遗址出土

之感。盆中对称的人面鱼纹，写实与抽象并存，既展现了鱼儿的灵动
身姿，又寓意着人与自然的和谐共生。这些彩陶盆不仅是艺术的结晶，
还是历史的见证，诉说着半坡先民的智慧与创造力，让我们在欣赏中
感受到古老文明的魅力。

　　半坡人的鱼纹被庙底沟人沿用，虽然构图有了很大改变，但传统
却是一脉相承。那鱼纹徽识给我们透露出来的信息，就有了更值得关
注的内容。

　　游鱼在水，鱼水相得。绘着鱼纹，盛着清水的彩陶盆，也许真就
不是一件平常的日用器皿。这种彩陶绝少出现在成人墓葬中，在西安
半坡是这样，在秦安大地湾也是这样，它当初应当是一样圣器。彩陶
上的鱼纹图案，可能还是一个谜。鱼在水中游，鱼游进了人的心中，
鱼在彩陶时代被人请上了神坛。

　　从彩陶艺术的表现方式研究，鱼纹的演变经历了观物取象、得意
忘象和大象无形的艺术过程，无象之美成为彩陶最大的魅力所在。由

人面鱼纹彩陶盆
陕西西安半坡遗址出土

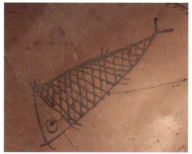

人面鱼纹彩陶盆（局部）

仰韶文化彩陶中的人面鱼纹

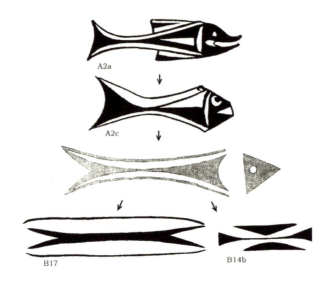

半坡文化彩陶上鱼纹的演变示意图

（据中国社会科学院考古研究所、西安半坡博物馆《西安半坡》，文物出版社，1963年）

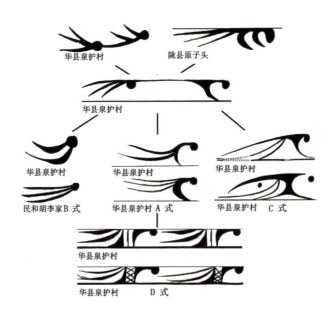

彩陶鸟纹几何化轨迹

彩陶确立起来的艺术传统，对中国古代艺术的发展产生了深远的影响。

史前彩陶鱼纹的流行与扩散，有深刻的文化背景做支撑。在这一次艺术大潮涌起的背后，显示了东方古老文化趋同的发展态势，也是政治趋同的开端。

说罢了鱼龙变幻，再说鸟凤因缘，我们看看彩陶上的鸟纹又表现了怎样的风景。

半坡文化彩陶以鱼纹为重要特征，庙底沟文化彩陶以鸟纹为重要特征，两相区别非常明显，这是过去形成的普遍认识。庙底沟文化彩陶上的鸟纹主题，虽然描绘简单，但构图非常明确，过去许多研究者都注意到了，认为这是与半坡文化区别的一个明显标志。因为这些鸟纹非常写实，太过于引人注目，在关注鸟纹时，人们甚至会忽略庙底沟文化彩陶中鱼纹系统的存在。

庙底沟文化彩陶中具象的鸟纹，绝大多数发现在陕西的关中地区，以东部发现较多，华县泉护村遗址所见最多，华县西关堡遗址中也有发现。在西部扶风案板遗址和陇县原子头遗址，也都见到典型的鸟纹彩陶。所见鸟纹基本全为侧面鸟形，以黑彩平涂，有的表现鸟眼，有的并不表现。鸟形或站立或做欲飞状，鸟首几乎全都朝向右方。

经过两次大面积发掘的泉护村遗址，出土大量彩陶，早晚期都有写实鸟纹，以晚期发现的数量更多，纹饰变化也比较大。早期的鸟形更近于写实，有头有喙有尾，有双足双翅。有一例在鸟背处绘有一较大的圆点，构图较为特别。

晚期的鸟形则更为抽象，鸟头用一个无喙尖的圆点表示，鸟体细长，有的已经不画双足。不过在早晚期之间，已经开始见到比较抽象的鸟纹，以圆点表示鸟头，用分叉的线条表示翅尾，约略可以看出鸟形来。

鸟与鱼，这一对恒常的艺术主题，在彩陶上大放异彩。在庙底沟

鸟纹彩陶盆
陕西华县泉护村遗址出土

鸟纹彩陶钵
河南三门峡庙底沟遗址出土

文化中，不仅有单独的鸟纹和鱼纹，也有鱼纹与鸟纹的结合图形。最著名的自然是汝州阎村出土的那件瓮棺上的《鹳鱼石斧图》，鱼纹与鸟纹同绘于一器，很值得关注。

　　这幅《鹳鱼石斧图》，绘于陶缸的一侧，画面1628平方厘米，是一幅气韵不凡的大型新石器时代陶工的彩画作品。《鹳鱼石斧图》用白和紫褐等多种色彩绘出，画面左边是一只侧立的白鹳，白鹳衔着一

鹳鱼石斧图彩绘陶缸

河南汝州阎村遗址出土

条白鱼。画面右边是一把竖立的斧子，斧柄上还绘有黑叉样符号。这表面上似乎只是描述了自然的事物，不过是鹳鸟食鱼与平平常常的斧子，可它却被看作一幅寓意深刻的作品，它像一个谜一样吸引了许多研究者。有人说从画面上看到了史前不同部落间的征战，甚至还有部落的兼并，他们还进一步考证出发生战事的两个部落的名字。这个彩陶缸是墓中的随葬品，所以画面被认为是墓主人生前事功的写实画，有研究者据此认定墓主人应当是部落首领之类的人物。

水和鱼，太阳和鸟，也是后来中国文化中阴与阳、火与水的象征。阳鸟和阴鱼在彩陶上同时出现，鱼纹和鸟纹组合一器，其意义还可深入阐释。

鱼和鸟是一对冤家，也是一对传奇。但在神话传说里，在艺术图像中，这是一对重要的主题。甚至还有鱼鸟互变的神话传说，充溢着奇幻神秘的色彩。鱼和鸟相遇，似乎是一个童话。他们一个在空中飞，一个在水里游，它们怎么会有相遇的时刻？不必怀疑，自然界里分派出了这样的时刻，总会有一些食鱼的鸟，它们有的能入水捕鱼，例如鱼鹰之类。也不用说，有那么一些厉害的鱼，它们能跃出水面逮到低飞的鸟，如珍鳡之类。

鱼和鸟之间有故事。理解彩陶意象，才明确鱼和鸟是古代艺术永恒的主题。

四、花非花

仰韶文化彩陶上的纹饰，以花卉纹为图案受到特别的关注。

庙底沟文化彩陶上由弧边三角、圆点、勾叶组成的"花卉纹"图形，或简或繁，曲回勾连，是中国彩陶中最具特点的图案之一，也是

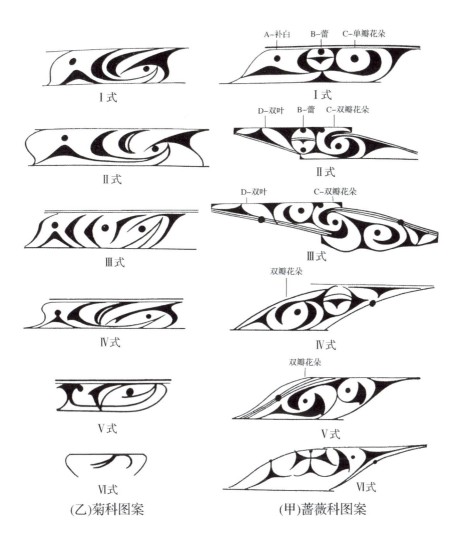

苏秉琦先生彩陶"花卉纹"图案

（据中国社会科学院考古研究所《考古学报》中《关于仰韶文化的若干问题》，1965 年）

叶片纹彩陶盆
河南三门峡庙底沟遗址出土

最富魅力的图案之一。同样风格构图的彩陶，在大河村文化和大汶口文化中也相当流行，它的影响还波及范围更为广大的其他新石器文化中，这使它成为许多新石器文化晚期的一种共有的图案结构模式。

我国现代考古学家苏秉琦先生对彩陶文化有着深入的研究。其研究内容主要分为三个方面：一是彩陶与考古学文化研究，以考察考古学文化特征为目的；二是彩陶演变研究，以判明考古学文化年代为目的；三是彩陶象征意义研究，以探讨彩陶的内涵为目的。苏秉琦先生的彩陶象征性研究，突出体现在"玫瑰之说"上。

1965 年，苏秉琦先生在《关于仰韶文化的若干问题》中依据陕西华县泉护村出土的标本，首次仔细研究了庙底沟时期的一类特别的彩

花卉纹彩陶罐
河南邓州八里岗遗址出土

陶。他以阳纹和阴纹混观的方法，辨认出这类彩陶所描绘的是菊科和
蔷薇科的两种植物花卉图案，而且花瓣、茎蔓、花叶齐全，这就是玫
瑰或月季。苏先生说，庙底沟类型遗存的分布中心是在华山附近，仰
韶文化的庙底沟类型可能就是形成华族核心的人们的遗存；庙底沟类
型的主要特征之一的花卉图案彩陶，可能就是华族得名的由来。

　　华山之华，本义为花，如《水经注》所说是 "远而望之若花状"，
是因山势如花而有其名，一般理解是莲花而非玫瑰，并非是因彩陶而得名。

　　关于这类彩陶的认读，苏先生直读阳纹，其实它是以地纹方式表
达的纹样，不应当看直接绘出的彩纹，而要看彩纹间的空白带，那才
是画工所要表现的纹饰。我们换个角度读取地纹，结果发现玫瑰不见了，

双旋纹彩陶盆（一）

河南三门峡庙底沟遗址出土

双旋纹彩陶盆（二）

河南三门峡庙底沟遗址出土

旋纹彩陶盆

河南三门峡庙底沟遗址出土

显现出来的是陶器的底色"双旋纹"。双旋纹自然不是玫瑰，那它的构图又是怎么来的呢，它的演变轨迹是怎样的呢？

旋纹彩陶在彩绘方法上，主要是以阴纹来表现。在庙底沟文化时期，以阴纹方式表现的彩陶纹饰并不仅限于旋纹一种，大量的花瓣纹等采用的都是阴纹方式。

再由纹样的结构观察，在大量的旋纹彩陶中，见到不多的大画面的单体双旋纹，这在庙底沟、大河村、大汶口文化中都有发现。

旋纹形成的最早时代，当为庙底沟文化早期，年代在距今 6000 年以前。从旋纹的特点看，它最有可能是表现一种运动方式，不是直线运动，也不是波形运动，而是旋形运动。旋纹应当有它另外的象征意义之所在。还有更大的处于运动状态的物体，它们是包括地球在内的天体。人类对天体运行的观察，应当是在史前时代就开始了，《春秋纬·元命苞》说"天左旋，地右动"，这未必就没有包含史前的认识成果。

中国古代天文学关于天体运行方式的描述，有"左旋说"和"右旋说"的分歧，以地球为静止状态的观察，所观察到的天体运行为"视运行"。视运行就是直观的体验，不论体验到左旋还是右旋，天体的旋动是无疑的。

我们不妨做出这样一个假设：彩陶上的旋纹，是用于描述某天体运行方式的。对这类天体运行方式的描述，一方面是来自直接的观测体验，另一方面则来自大脑的加工创造。最值得描述的天体，首选是太阳，这对于农耕文化的居民来说是确定无疑的。旋纹可能表达的就是太阳运行的方式，或者还有它运行的轨迹。

旋纹不是普通的装饰纹样，也不是某一种文化独有的纹样，它的生命力应当来自我们尚不能确知的它的象征性。它不是简单的写实性的象生图案，也不像是由客体直接抽象出来的一般几何形图案。旋纹图案可能隐含着中国新石器文化一个共有的认知体系，是一个目前还不能完全破解的认知体系，我们暂时可以将它假设或猜想为原始宇宙观体系。

旋纹从一时一地形成，在产生后，迅速向周围传播，以不变的方式或变化的方式流传，几乎覆盖了中国史前文化较为发达的全部地区。

这不单单是一种艺术形式的传播，而是一种认知体系的传播。正是由旋纹图案的传播，我们看到了中国史前时代在距今 6000 年前后拥有了一个共同的认知体系。

花非花，似花还似非花。彩陶上的旋纹，我们还真的不能只把它当作花看，它在仰韶人的心中比花重要得多。

五、方花光华

中国古代传统纹样中，有一种汉代前后特别流行的"柿蒂纹"。虽是在汉代成为装饰时尚，但它并没有一个正式的名称，因为形如柿蒂，所以至今学术界仍沿用着"柿蒂纹"的俗称。

观察柿蒂，真的就是一个四瓣花的样式。汉画中的柿蒂纹，确实比较接近真实的柿蒂。四片叶花瓣分指四方，因为常见于墓顶正中，象征天盖，被认为是汉代宇宙观念的表征。这种花形又曾被称作"四叶草""四叶花的四瓣式方花纹"，以往也有人指出，战国秦汉时期人们流行用它标志四方。

有一个非常明确的证据，在重庆巫山出土的一件汉代四瓣花形鎏金铜棺饰，四个花瓣分别装饰有龙、虎、朱雀和玄武，四神分别对应四方，四瓣方花的意义一目了然。

有研究者认为，类似的四叶纹是古人建构的宇宙模型，其将四叶纹称为"天穹之花"和"华盖纹"。柿蒂纹多用于伞盖中心的装饰，华盖之说名副其实。

战国时期的方花纹，在铜镜上、瓦当上和鼓面上，也都是布置在器物的中心位置。汉画上人面蛇身的女娲捧着或举着方花样的物件，我曾认作玉琮的图形，方花与玉琮之间似乎也存在特定的联系。

柿蒂（吴晓春　摄）

汉画中的四瓣花

汉代四瓣花形鎏金铜棺饰线图

战国铜镜中的柿蒂纹

　　在有的汉画上见到交尾的人面蛇身伏羲女娲之间，出现了一个方花图形。还有大方花边上出现人面鸟身神像，都表明了方花含义的神圣属性。这样看来，方花形并非一般的图形，它是与创世神话关联的一个重要的主题图形。

　　方花之于战国秦汉之际人的思想与艺术如此重要，那它更早又是从何而来的呢？

　　对于方花图形的源起，由战国时代往前追索，并无明确的形迹可寻。不过如果往前追到史前，追到彩陶时代，那就很有眉目了。我们知道在庙底沟文化彩陶上，流行一种四瓣花的花瓣纹，它的结构，就是方花形。

　　四瓣花式的方花彩陶分布很广，在仰韶、大汶口和大溪文化中都有发现。人们曾以为它是由双花瓣扩展演变而成，而双花瓣又是单花瓣变化的结果，单花瓣与鱼鸟纹相关，而鱼和鸟在仰韶人的心目中又都是神性动物，这样看来，彩陶又与战国秦汉时期的艺术思维存在紧密联系，值得深入探讨。

　　对于本土方花图形的源起，其实还可以往前追索到更早的年代，可以上溯到距今 7000 多年前。让人首先想到的是在湖南发现的高庙文化，高庙文化白陶上的纹饰还有一些没有受到关注的题材，其中就包括四瓣式方花纹。

　　我曾梳理湖南桂阳千家坪遗址出土的白陶上的纹饰，注意到许多

花瓣纹彩陶簋
陕西华县西关堡遗址出土

十字形太阳象征图形，其中一部分十字形接近四瓣花形。由于四瓣花也是十字形结构，其实并不容易将两者明确区分开来。当然有的图形叶片明显宽大一些，可以明确归入四瓣形方花一类。

高庙文化的白陶艺术传统，一直延续到大溪文化早期。湖南安乡汤家岗遗址出土了几例八角星纹白陶，八角星内中心位置一般都有四瓣花形图案，有时在八角之间再叠出方花图形。这种八角星与方花叠加的构图，也给我们以重要启示。

我们不能判定是四瓣花在先还是八角星在先，这两种纹饰或许是同时创造出来的，它们有共通的象征意义，都与太阳相关。

四瓣花与八角星纹如影随形，以安徽含山凌家滩遗址出土的八角星纹玉版为例。凌家滩玉版的中心刻画了两层八角星纹，研究者一般将其认作太阳的象征符号。我们再将视线移向外圈，外圈刻画的恰恰是四叶纹，被解释为指示着四方。与太阳相关，又与四方联系，这为我们理解四瓣花的意义又提供了一个切入点。

这样看来，与八角星纹饰共存的四瓣式四叶方花，在高庙文化早期就已经成为定式装饰在白陶上，它们都是高庙人首创的太阳象征符号。

天上神游，人间方花；同辉日月，同乐人心。末了我们再看一幅河南新野出土的汉画《牛虎斗》，画面上争斗激烈的牛虎下方，出现了两个方花图形。牛虎相斗，是显示力度的用意，在这样的场景中有方花显现，那又有什么特别的意义呢？

有研究者依古镜上的铭文称之为"方华"。说从战国到西汉的这类纹饰，其本来名称叫"方华"，即方花，方花的意思是标志方向的花。

方华即方花，又可读为"芳华"，指芬芳的花，且是一语双关。柿蒂纹应正名为"方华纹"或"方花纹"，甚至可以把它的各种变形纹饰统称为"方花纹"。标示方位之花，所以可直称"方花"。

牛虎斗
河南新野出土

古代文物上这类纹样本来一定不是柿蒂纹，把它定名为"方花"，揭示了它的象征意义，也是一处重要发现。而仰韶彩陶上流行这类方花纹，传承传播着古老的艺术传统，也传承着一种认同的信仰。方花放射的艺术光华，一直照亮着先人的心灵，照耀着艺术前行的方向。

六、彩陶浪潮

人类之所以是人类，非常重要的一个方面是因为拥有信仰，拥有与信仰相关的艺术。关于艺术的起源，当代学人还没有追溯到它真正的源头，在追寻中不能否认我们可能忽略了信仰这个理由。特别是我们要论到的造型艺术，它不是一般的再现艺术，不是偶尔的摹写现实，而是一种灵魂艺术，是造神艺术。

在中国发现的史前彩陶中，论技法之精与影响之大，当首推庙底沟文化彩陶。庙底沟人已经创立了体系完备的艺术原理，在艺术表现

旋纹彩陶盆
河南郑州大河村遗址出土

上体现最明确的是连续、对比、对称、动感与地纹表现方法，而成熟的象征艺术法则更是庙底沟人彩陶创作实践的最高准则，它应当是当时带有指导性的普适的艺术准则。

　　彩陶制作时对比手法的运用，充分展示了色彩与线形的力量。庙底沟文化彩陶强调了黑白红三色的对比，以黑与白、黑与红的两组色彩配合为原则，明显增强了色彩的对比度，也增强了图案的冲击力，将双色对比效果提升到极致，也因此奠定了古代中国绘画艺术中的色彩理论基础。

　　彩陶图形元素一目了然，将不同图形元素按一定秩序排列起来，会产生形状的对比。不同形状元素的对比，会增强彼此原有的特点。画工在彩陶上常常只采用一种图案元素，由一种元素构成的图案，有一种有秩序、恒定和平静的美感。画工也常常使用形状对比手法，将不同的元素组合起来，增强构图的动态感，丰富了彩陶的内涵。

　　庙底沟文化彩陶遵循着这样一条基本形式原则——连续。彩陶纹

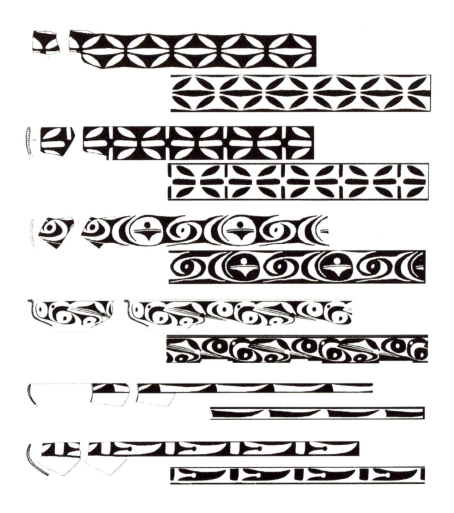

庙底沟文化地纹彩陶的反面影像

饰因连续延伸而表现出一种井然的秩序，而规律性的间断构图则是连续图案行进的节奏。庙底沟文化彩陶的纹饰，多是沿着器物环周表现的适形图案，画工在有限的空间表述了一种无限的理念，二方连续构图有着循环往复、无首无尾、无始无终、无穷无尽的性质。庙底沟文化彩陶上最多见到的是二方连续构图，这种艺术形式无疑也体现了庙底沟人在哲理层面的思考。连续形式变无序为有序，变混沌为和谐，这种艺术形式后来成为历代装饰艺术所采用的最基本的构图程式。

对称与平衡，是艺术设计中两个相互关联的原则。庙底沟文化彩陶在构图中，有对称也有平衡，许多精致的纹饰都采用了对称结构。彩陶图案左右非常对称，两边元素互为镜像，中间有一个或意想中有一个对称轴。

艺术设计中的节奏感和韵律感，是一种更高层次的创作。节奏具有空间感，可以指构图设计中同一元素连续重复时产生的运动感。韵律具有时间感，是节奏的变化与丰富，是节奏的整体表现，它使构图中单一元素重复时的单调状态有所改变，由此产生的变化好似一种变奏，可以增强单调重复的生机感。彩陶上多见富有动感的纹饰，从那些多变的构图上，我们似乎可以感受到慢板、快板、散板和进行曲式的区别，彩陶内在的活力就体现在这律动的构图中。

平铺直叙的纹饰图案，似乎不会涉及方向感问题。半坡文化彩陶中的图案化鱼纹，几乎全是头右尾左的右向，基本都是剪刀尾向左，大嘴、大头向右。庙底沟文化类似的鱼纹，鱼头也向着右边，鱼尾向着左边。庙底沟文化的简化鱼纹，以圆点示意的鱼头也是无一例外地向着右边。鸟纹也几乎全是头向右边，尖尖的翅与尾向着左边。这一现象值得特别关注。

地纹手法是中国史前彩陶非常重要的表现方法，它反用了色彩，以间接表现元素的方式构图，是一种复杂思维的体现。庙底沟文化的

二方连续西阴纹彩陶钵

河南三门峡庙底沟遗址出土

轴对称花瓣纹彩陶瓶

江苏邳州大墩子遗址出土

很多彩陶采用地纹手法绘成，庙底沟人完善了地纹表现手法。地纹绘法需要更高的技法，需要掌握"计白守黑"的技巧。地纹彩陶在一定程度上隐藏了纹饰的含义，这种含而不露的用意也许是为着更好地隐现纹饰的象征性。在色彩与构图上的巧思安排，于地纹彩陶上得到了充分体现，彩陶也因成熟的地纹彩陶而将史前彩陶艺术推向了极致，也奠定了古代中国艺术表现的一个非常重要的基础。

绘画中的写实是以形写意，以形写意正是绘画艺术的重要宗旨之一。彩陶常常会采用更简单的表现形式，只描绘动物的一个特定的部位，或者就是一个约定的部位。当绘画在表现动物特别部位的时候，还会有明显的夸张变形，有时也许会完全舍弃原形，最终绘出的也许只是一个约定的符号而已。这样一个约定的符号，便是无象之象的艺术境界，后世所谓的"大象无形"，也就是这样一种境界的深化。

象征性是彩陶纹饰构图的基础，也是纹饰播散的内在动力。在彩陶纹饰的符号化过程中，庙底沟人丰富和完善了自己的象征性思维，他们的心智得到提升，人格也得到锤炼。

庙底沟人表现彩陶纹饰的象征性，是通过纹饰的简化、分解和重组实现的。纹饰的象征性，是预先已经确定了的，本来一般是取自象生对象，后来逐渐抽象出一些图形符号。起初这样的符号多为象生对象的变形、变体和简化图形，是一看便能明知其象征性的。在这样的基础上，后来逐渐以相关联的简单的几何形作预定的象征符号，并不断地简化，不断地分解，又不断地重组，不仅经历了多次的逻辑思维过程，而且经历了反复的艺术加工过程。在经过了这样的创作过程以后，一些主要的象征符号成为普世接受的符号，象征艺术也已经是普世接受的艺术，人们通过这样的艺术形式作心灵的沟通与文化的交流。

庙底沟人通过彩陶的形式，将象征艺术一步步提升到极致，他们

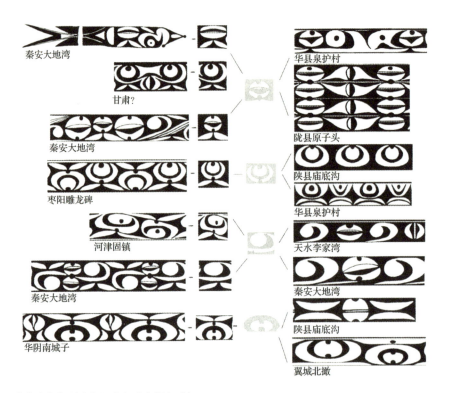

庙底沟文化彩陶鱼纹头部的分解与重组

使彩陶不仅成为史前时代伟大的艺术，也成为人类历史上早期的一座艺术丰碑。彩陶的象征艺术思维方式，不仅影响了后彩陶时代艺术发展的轨迹，甚至至今还在左右着艺术家乃至常人的艺术思维模式。庙底沟文化彩陶是一种象征艺术，它一定不仅仅是器具的装饰艺术。庙底沟人通过彩陶方式传导的，是他们的信仰与情怀。那是回荡在历史天空的幻影，那是生发自心灵深处的歌唱。

　　史前同类彩陶的分布，有时会超越某一种或者某几种考古学文化分

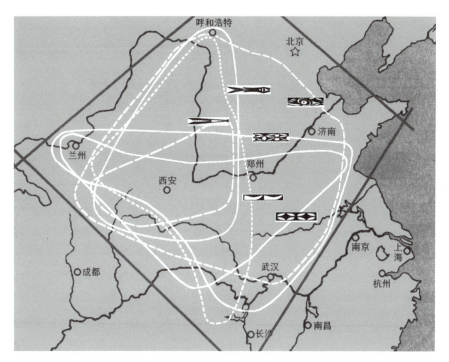

庙底沟文化几类彩陶纹饰分布范围叠加图

布的范围。庙底沟文化彩陶某一类纹饰的分布区域，我们可以由发现它的一些点圈出一个大致的范围来，这个范围包括了这类纹饰的中心分布区与外部播散。将几类纹饰彩陶的分布范围叠加起来，我们可以得到一张庙底沟文化彩陶典型纹饰整体分布图。这张分布图覆盖的范围，向东临近海滨，往南过了长江，向西到达青海东部，往北则抵达塞北。

庙底沟文化彩陶播散到这样大的一个区域，是后来中国历史演进的最核心的区域。这是中国文明形成过程中大范围的文化认同，庙底

沟文化彩陶有一种巨大的扩散力，它让我们清楚地感受到了中国史前
时期出现的一次规模宏大的艺术浪潮。这个艺术浪潮的内动力，是彩
陶文化自身的感召力，传播是一种文化趋同的过程，文化趋同的结果，
是主体意识形态的成功建构。6000 年前以彩陶传播为象征的艺术浪潮，
当是华夏历史上的一次文化大融合。

　　彩陶作为一种艺术，在庙底沟文化时期形成了振荡史前人心灵的
一次大浪潮。这一次彩陶艺术浪潮的影响，大大超越了彩陶的范畴，
也大大超越了艺术的范畴。这次艺术浪潮不仅超越了地域，也超越了
历史，使得古今传统一脉相承。

第九章

原始艺术

艺术的世界
与人性相通
传播着信仰
沟通着灵魂
艺术因信仰而生
是信仰飘扬的旗帜
琢玉是又一种信仰艺术
在仰韶它也曾有
自己的位置

一、雕塑与绘画

雕塑与刻绘艺术也是起源于旧石器时代，山顶洞人制作小件饰物已开始采用雕刻手法。到了新石器时代，雕刻已成为人类经常采用的艺术手段，考古发现了属于这个时代的大量雕刻艺术品。新石器时代的仰韶居民雕刻的材料有骨、牙、陶、石、玉等，有线刻，也有浮雕与圆雕。有数量不少的器物上的附属雕刻，还有一些单体雕刻，都有不少可入精品之列。

在中原地区时代较早的新石器时代遗址中发现了一些雕刻艺术品，多属小型的陶塑，制作比较粗糙，表现的主题是人和动物。到了新石器文化发展的繁荣时期，雕刻和雕塑艺术有了进一步的发展，表现出一些明显的地域特点。在黄河中上游地区，雕刻主要以人为表现的重点，流行将人体形态附塑在陶器上的做法。黄河下游地区则主要表现的是动物形体，甚至整个器物都塑成了动物形状，绝不以人体为表现对象。在长江中下游地区发现了少量新石器时代的雕刻艺术品，有动物主题，也有人体模型。

新石器时代的骨牙雕刻，是既细腻又高雅的一种艺术。在距今5300 年前后庙底沟时期的河南巩义双槐树遗址，出土了一件用野猪獠牙制作而成的牙雕蚕。这件牙雕蚕被雕刻成头尾翘起的样子，生动地表现出蚕吐丝时的状态，是我国目前发现的最早的写实主义风格的家蚕形象。

人头形器口彩陶瓶
甘肃秦安大地湾遗址出土

　　仰韶文化居民还有一些陶塑艺术作品，作品一般都是以陶器上的
附件出现，少有单体陶塑作品。陶塑可分为人形与动物形两类，以人
形作品最为生动。人形陶塑以人首和人面为主，常见将人首塑于瓶类
器物的口部，做成人头形陶瓶。如在大地湾遗址发现的人头形器口彩
陶瓶，人头五官毕具，还有非常整齐的发式，器身满饰弧边三角纹彩绘，
有如人身外披上了一件彩衣。又如北首岭遗址出土的一件红陶人面像，
口眼镂空，鼻梁隆起，墨绘须眉，为一男子的塑像，十分生动。

陶人面像
陕西宝鸡北首岭遗址出土

鸮面陶器盖
陕西华县泉护村遗址出土

　　出土于陕西华县泉护村遗址的鸮面陶器盖，是庙底沟先民精湛的立体雕塑技艺的展示。这件艺术品将器盖球面捏塑成鸮（又称猫头鹰）的形状，鸮眼眶内凹，眼珠突出，呈半球状，喙部笔直坚挺。用密布的戳印小凹窝表现出层层密布的羽毛，整体浮雕风格明显，形象逼真。

　　在陕西华县泉护村遗址中出土的鹰形陶鼎令人瞩目。此鼎匠心独运，塑造了一只栩栩如生的雄鹰，尤其是那尖锐的喙与炯炯有神的双目，更是生动传神。陶工以粗壮的鹰足支撑起整个鼎身，尖锐的鹰嘴和圆睁的双目，凸显了雄鹰的刚健与雄壮。整件作品朴实而生动，准确捕捉了雄鹰的威严与力量，展现了古代陶工高超的技艺与对自然的深刻洞察。当时人们已能大规模种植农作物，而鹰作为鼠、麻雀等的天敌，备受人们喜爱与崇拜。鹰形陶鼎的塑造，不仅是对丰收的祈愿，也反映了古人对生态平衡的智慧理解。他们深知"敌人的敌人就是朋友"，鹰因此成为他们心中的守护神。

　　陶塑艺术以外，仰韶居民还拥有其他一些雕塑艺术珍品。何家湾遗址的一件骨雕人头像，用动物肢骨刻成，沿骨管一周刻有三个相连

鹰形陶鼎

陕西华县太平庄出土

骨雕人头像（线描展开图）

陕西西乡何家湾遗址出土

的人面像，分别刻画了喜、哀、怒三种表情，夸张生动，是史前罕见的艺术珍品。

仰韶居民的绘画作品主要是在陶器上表现出来的，当然，居室的地面有时也是画工们施展才能的地方。秦安大地湾 411 号房址的地面上，就发现了一幅地画，画面的主体是两个立着的和两个卧着的人形。这难得一见的地画引起了许多研究者的注意，他们有的认为这是祖先崇拜的迹象，也有说是原始巫术活动的厌胜图画，或者说是狩猎图画。由于画面保存不很完整，要找到完满的解释难度很大。

仰韶文化的雕塑与绘画，并不以艺术欣赏为唯一的目的，它们多与原始宗教信仰相关联。我们以为，正是这样的原因，雕刻和绘画水平才有了一步步的提高，一些高水平的手工业艺人也由那个时代培养出来。许多精美的艺术品，没有专门的技巧是制作不出来的。

二、音乐与舞蹈

在各种艺术形式中，歌、舞、乐是起源相当早的艺术形式。它们在出现之初并不能算是标准的艺术形式，由于没有观众，故而还不属于表演艺术的范畴。

音乐的起源，是很难进行考察的。漫长的岁月已使那些曾经是优美的乐音成了绝响，无论是余音绕梁的阳春白雪，还是传唱闾巷的下里巴人，一切都随着历史的长河消逝了，那史前时代的乐音就更是难于知晓了。难道真的是一无所知吗？还不至于。音乐史学家们在考古学家的帮助下，通过发现史前先民遗下的各种乐器，逐渐找回了逝去的千古乐音，远古的旋律终于在我们耳边响了起来。

在没有乐器的时代，人们在跳需要节奏的舞蹈时，或许会通过自

陶鼓
山西襄汾陶寺遗址出土

身的拍打与呼号来完成这样的节奏，有时可能是借用一些现成的器具敲敲打打，久而久之，简单的打击乐就出现了。打击乐应当是史前乐器的主体。可以想见，声乐和器乐的出现与舞蹈有着不可分割的联系，在史前形成歌、舞、乐一体的结构。

贾湖骨笛
河南舞阳贾湖遗址出土

　　人类早期的节奏性打击乐器，多是取材于生产工具和生活用具，后来发展起来的旋律性乐器也符合这个规律。打击乐器中最为古老的当是鼓，考古发现了新石器时代的一些陶鼓，用陶土烧制为筒形，再蒙以兽皮。甘肃永登乐山坪与青海民和阳山马家窑文化遗址都出土有彩陶鼓，形如现代腰鼓，可以悬挂起来敲击。古代有"鼓缶而歌"的说法，是以拍打陶盆的方式为歌唱伴奏，这在新石器时代当是常有的事。石块也可能是经常采用的打击乐器，大块的石片可以敲击出清脆的乐音。

　　我们所熟悉的钟与铃形乐器，最早也出现在新石器时代。龙山时代的一些遗址出土过陶钟和铜铃，从数量上看还不是太多。

　　吹奏乐器在史前也比较发达，发达的原因，我以为它一般不需太高的演奏技艺，也不需高超的制作工艺，它有明亮的音色、高亢的旋律，所以受到史前先民的重视和喜爱。考古发现的新石器时代吹奏乐

陶埙

陕西西安半坡遗址出土

陶号

山东莒县陵阳河遗址出土

器主要有哨、笛、埙、号等。出土的笛均为动物的肢骨制成，在江苏吴江梅堰遗址和余姚河姆渡遗址都发现了骨笛，数量超过了 100 件，它们的年代早的已有近 7000 年的历史。更让人惊奇的是，在河南舞阳贾湖裴李岗文化遗址的一座墓葬中，一次就出土骨笛 16 件，它们的年代早到 7500 年前。这些骨笛大多钻有 7 孔，通过实验测音得知，它们已具有七声音阶结构，发音准确，有的尚可吹奏出旋律。音乐家们有的说这是一种直握笛，也有人说是横握笛。随葬有这么多骨笛的死者，也许是一位笛子演奏家，也许是一位制作笛子的工匠。贾湖骨笛的出土，让音乐界对中国史前音乐发展水平有了重新评价，过去一直认为的中国古代乐制只有五声音阶、先秦无七声音阶的说法，看来得从根本上进行修正了。

埙在中国古代是非常有特点的吹奏乐器，它用黏土捏成，握在掌中吹奏。新石器时代已经发明了陶埙，西安半坡和临潼姜寨仰韶遗址出土陶埙 5 枚,外形为桃形或卵圆形,最大的长 5.87 厘米,吹孔在一端,有的有 1—2 个音孔,也有的没有孔。测音结果表明,单音孔埙可吹出 2 个乐音,双音孔埙至少可吹出 4 个乐音,仰韶人已熟练掌握了四声音阶。在现代舞台上还时常能听到人们用埙演奏,它低沉圆润的乐音,颇能引发人的遐想。

吹乐中的号角,制作也不复杂,在现成的牛羊角尖上钻上孔即成。考古虽然没有发现过这种真正的号角,但见到过陶号。庙底沟文化时期制成了仿牛角的陶号,在华县井家堡遗址发现了 1 件陶号,全器呈弯角状,长 42 厘米。我知道,先民们在这号角声中追猎,在这号角声中舞蹈,我在这雄浑的号角声中看到了猎人们威武的队伍,看到了舞蹈者狂放的舞姿。

人类很早就有了乐舞,虽然主要目的并不是为了欢乐。有一种理论认为,最早的乐舞是在劳动中诞生的,是否与劳动同时出现,却还不能论定。民族学提供的资料表明,乐舞在史前人那里,往往是劳动

舞蹈纹彩陶盆(局部)
青海大通上孙家寨墓地出土

进行过程中的固定内容，属于劳动整体的一个组成部分。原始狩猎部族的猎手们，在出发前要预演狩猎的整个过程，进行一次模仿狩猎活动的操练，其中还有模仿狩猎对象的表演。在广西左江、云南沧源、内蒙古阴山等地发现的早期岩画中，都绘有这种狩猎者舞蹈的壮观场面。这种舞蹈寄托着猎人们祈求丰产的愿望，它的本质是再现狩猎活动，激励猎手的勇猛精神，唤起人们的协作精神。从这个意义上说，我以为史前舞蹈是一种实用艺术，具有强大的生命力。与这种狩猎舞蹈相联系的，是另一类庆贺丰收的舞蹈，它用于表达丰收后的喜悦心情。这类舞蹈有时要重演狩猎的艰辛过程，所用的道具也都是实用的武器。

当神灵观念笼罩了人类的精神世界，舞蹈被广泛用于祭神和娱神，而且有了一些固定的程式和传统的内容，艺术舞蹈便由此诞生出来。舞蹈逐渐脱离劳动而不再是生产劳动的附属品，最终成为一种表演艺术。在现代社会生活中，乐舞的最原始的社会功能也能在一定的场合表现出来，只是抒情和愉悦的作用显得更加突出了。

我们可以由先民们遗留下的各种乐器，去找回逝去的乐音；也能由先民们留下的绘画，去模仿凝固的舞姿。史前先民的舞姿之美，可以从马家窑文化出土的舞蹈纹彩陶盆上看得很真切。陶盆上描绘着集体舞蹈的场面，舞蹈者手拉着手，踏着一定的节奏，边歌边舞，舞步整齐，一幅生动的史前风俗画跃然眼前。这样的彩陶盆在马家窑文化遗址不止出土过 1 件，这似乎说明马家窑居民是极爱舞蹈的。

史前先民艰难的生活中，时而有歌有乐有舞，那些乐舞一定是很醉人的，人们在辛劳中也有充满欢乐的时光。

三、玉器有与无

彩陶图案的构图元素有许多，除了一些特定的动物，真正摹写实物的图像非常少见，不过很意外地出现了环璧的图形，十分难得。

古代琮璧文化作为一种成熟文化的形成，在研究者看来，那一定是良渚人的创造。良渚文化中发现了大量的琮与璧，良渚人将琮璧文化提升到了极致，这是没有什么疑问的了。历史上中原文明所崇尚的琮璧文化，自然在相当大的程度上也是承自良渚人的传统，我们没有理由说中原文化中的琮与璧是中原固有的传统。原本是"礼失求诸野"，若以琮璧文化的传承看，那是一种完全相反的路径。四野之域也有传至中原的礼数，这当然也没什么可奇怪的。

不过有一些发现，又让我们有了些许疑惑。在庙底沟二期文化中，居然也发现了不少的璧和琮。最集中的发现，当然是在山西芮城的清凉寺。那是一个在中条山之南、黄河以北的处所，出玉之地处在中条山南麓，许多纵横交错的沟壑将那也许原本可能有些齐整的黄土地切得七零八落。我曾心想如果这样的地方都埋藏有这些让人吃惊的宝藏，那些膏腴之地，会不会更是了不得呢？

站在破败的清凉寺前，让人不自主地往黄河南岸眺望，灰霾之中虽然望之不见，但是可以想见的一方宝地，不远处就是灵宝著名的黄帝铸鼎塬。那里也曾有一些惊世的发现，在庙底沟文化墓葬中发现了一些玉器。朦胧之中，觉得庙底沟二期文化中的琮璧似乎不一定是东传过来的，在更早的庙底沟文化中应当可以寻到它们的踪迹。

无论是庙底沟文化还是庙底沟二期文化，有些研究者曾经将它们列入大仰韶范畴，这也就是说，仰韶文化应当也是琮璧文化的覆盖范围。当然多数研究者都将庙底沟二期文化从仰韶体系中分离出来，不过从

良渚文化玉琮

江苏江阴高城墩墓地出土

二联璜玉璧

山西芮城清凉寺墓地出土

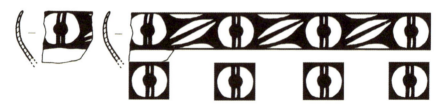

彩陶悬璧纹
山西夏县西阴村遗址出土

绝对年代看，它的上限是并不明显晚于良渚文化的。交流一定发生过，东来西往，一定可以探寻到许多的故事。

可以反过来想一想，如果良渚的琮璧文化初始时并没有影响到庙底沟二期文化，那后者的琮璧当另有渊源。最大的可能是来自它前世的大仰韶，在庙底沟文化中兴许能寻找到一些线索来。

离开芮城的清凉寺，紧接着就越过黄河到了西安，在陕西省考古研究所一座资料还未及时整理的文物库房里，有一件熟悉又陌生的彩陶，它让人眼睛发亮。那件彩陶放置在较高的位置，一眼望去，看到画面上是一枚晃动的璧，还绘有两股线绳穿系着，这是极难见到的图像。彩陶绘出了璧的图像，莫非仰韶人真的早已经拥有了璧？

后来翻检手边的资料，我很快在仰韶彩陶上找到了相同的图像。这是出自山西夏县西阴村遗址的庙底沟文化彩陶，是一件已然残破的陶钵。在它的上腹位置，绘有二方连续图案，在斜向的叶片纹之间，是一个圆圈与圆点构成的纹样。以地纹观之，这正是璧的图像！那以黑色作地纹的图案，表现的恰是璧的图像，中间的圆点表现的是璧孔，两根线绳穿系在璧面上，似乎可以听得到它的叮叮当当，可以感觉到它的摇摇荡荡。

这是一个"悬璧纹"图案！

以迄今为止的发现而论，中原地区在前仰韶时期还没有流行使用真正的玉器，具有礼器性质的璧类器不会在那个时期出现。到了仰韶时代，中原及附近地区开始出现玉器，在陕西南郑龙岗寺半坡文化早期墓葬当中发现了玉斧、铲、锛、凿和镞等生产工具，均采用绿色或白色半透明状软玉制成。在陕西西乡何家湾遗址出土有碧绿色玉斧、锛等，都是实用工具。到了仰韶中期的庙底沟文化时期，开始出现玉环和石璜之类的前所未见的饰品，河南临汝中山寨就出土过石璜和玉环。在仰韶晚期西王村文化时期的一些遗址中，出现了可能具有礼仪性质的玉器，如河南郑州大河村四期发现了椭圆形玉饰、玉环和玉璜，还有 1 件玉刀。仰韶之后的庙底沟二期文化时期，玉礼器有了明显增加，见到了钺、琮、璧、圭等，如在山西临汾下靳村和芮城清凉寺就有相当多的发现。

这样看来，在庙底沟文化遗址中其实已经发现了璧，1997 年再度发掘陕西扶风案板遗址，在单纯的庙底沟文化地层中，出土了一些包括鸟纹在

石璧
陕西西安杨官寨遗址出土

石环
河南三门峡庙底沟遗址出土

内的典型庙底沟文化彩陶，也意外发现了数量较多的石璧。这些石璧多数都残损了，一般规格是内径 5—6 厘米，外径 10 多厘米。较为特别的是，石璧边上开有凹口，由一侧至璧孔还有贯穿的小孔，这显然是穿绳挂系的璧。

在扶风案板遗址发现的石璧，虽是孤证，但孤证不孤，出土的数量也不少。年代自然也没有疑问，属于庙底沟文化。也许在其他遗址中还有一些我们未及检索到的出土资料，还可以再费力搜寻。

在有些研究者看来，琮与璧的出现与环镯类饰品有关。从良渚文化中似乎可以寻到环与璧之间的演变线索。庙底沟文化也有使用镯类饰品的传统，有的遗址出土的环镯数量非常可观，虽然发现的多为陶环之类，但玉石环也并非没有。这么说来，庙底沟文化同良渚文化一样，也有由环镯制成璧类器的基本条件。

从西阴村发现的悬璧纹彩陶看，从扶风案板村发现的石璧看，仰韶时代的庙底沟文化应当有了璧。我们至今虽然没有发现更多关键材料，但也许那只是时间问题。再仔细一想，良渚文化的琮璧都是出自一些重要的墓地，而庙底沟文化类似的墓地至今发现绝少，这大概也是一个重要原因。一旦发现了高等级的墓葬，那结果一定是可以期待的。灵宝西坡遗址的大型墓地已经出土了不少玉器，这就是一个很好的兆头。

近年在河南南阳黄山遗址，发现仰韶文化保存较好的建筑群，生动再现了仰韶人制造玉石器及生活的原始场景。三座仰韶文化晚期的大型玉石器生产作坊为前坊后居式建筑，建筑规划整齐、体量宏大、结构复杂，它表明仰韶人已经是制玉人，仰韶时代有玉器和玉作坊已经不再有疑问了。

第十章

文明的曙光

文明从何诞生
最早的城邑
最初的冶金
或是符号带来的文字
一起迎来了文明的曙光
留下亘古的记忆
史前故事结束
历史开启了新篇章

一、最早的城邑

在古老的采集狩猎社会里，数十乃至数百具有亲属关系的人组成一个群体，经常随季节变换迁徙，过着游猎生活，这是一个"游群"，是最早的人类社会组织。这个组织是一个平等的社会，领头的是一个或几个富有经验的年长男子或精明的猎手。由地域和亲属群体联合成的高一级组织，即部落，它是游牧者或农耕者的平等社会组织。社会由氏族公社发展到部落和部落联盟，不可避免地产生出一级级的管理机构。酋长是部落的管理者。作为部落联盟一类高级权力机构的驻地，一般要建在经济中心，这是城市出现的政治基础，城市是统治者的权力中心。

在中国，城邦出现在史前时代，出现在新石器时代的中期。社会生产力提高以后，人口迅速增殖并相对集中，不同于一般村落的大型聚落出现了；主要包括制陶、琢玉、纺织等在内的手工业技术向高精水平发展，这些专门化的技术掌握在少数人手里，手工业开始与农业分离，手工业者的居址也与农业部落分离开来；社会分工越来越细，交易活动愈趋频繁，集中的交易场所形成，集市出现了；知识和财富集中到少数人手里，孤立分散的乡村居住状态已满足不了一些特权人物的需求……所有这些，就是城市出现的经济基础。当然，城市的出现还有军事上的原因，主要出于势力范围内防御的需要。

　　此外还有很重要的一点，城市的出现还有宗教上的原因。中国古代的统治者，在很大程度上是通过"神治"的手段进行管理的，通过举行经常性的祭天礼地活动来维持统治，又称之为"礼治"。敬天礼神，要有专门的宗教场所，它往往就是城市的所在地。我们知道，夏商周三代的都城都有宗庙建筑，后来的封建王朝也将礼仪建筑作为都城不可缺少的重要部分，这个传统的出现可以追溯到城市起源的时代。

　　考古学家们为寻找文明时代的城址，花费了许多心血。他们为新发现的一座座史前城址而欢欣鼓舞，也为这些似乎是突然冒出来的发现而纳闷，不知道这些赫然躺在那里的庞然大物为什么没有被更早发现。

　　接续不断的考古发现，不仅改变了一般人的认识，也改变了考古学家们的认识。在河南、山东、湖北、湖南、四川等地，相继发现了新石器时代的许多城市遗址。这些在很大程度上只是初级水平的城市，为大都市的出现奠定了基础。到了新石器时代末期，有了相当规模的城市，它们与文明时代的城市相比已经没有太大的距离了。

　　在河南郑州发现的西山城址，距今5300—4800年，是当时国内发现年代最早、建筑技术最为先进的一座仰韶文化晚期的城址。它的形状介于圆形与方形之间，城墙基底宽11米，残高3米。通过发掘，令考古工作者惊讶的是西山城址的修筑方式。城墙的结构是我们发现最早的使用方块版筑法筑起来的，从西山一直到新密的古城寨，都是用这种方式；再到后来的二里头的夯土和郑州商城本身的夯城，也都是在这个基础上发展起来的，这是中国古代大规模地用版筑法夯筑大规模城垣的开始。

　　西山城址的发现让当时的考古工作者十分兴奋，因为这个遗址已经具备了城的样貌，一座5000多年前的城的样子。在此之后，考古工作者陆续发现了更多同时期的大型遗址。他们推算在5000多年前想要修筑出一座大型的城，所需要调动的人力极有可能超出了单个聚落拥有的全部人力资源。这个古代的"超级工程"应该得到了周边其他聚落部落的支援，如果是这样，那么这些大型遗址的主人是否就是当时的部落联盟首领，甚至是王一级的人物？

白衣褐彩彩陶钵
河南郑州西山遗址出土

花瓣纹彩陶壶
陕西西安杨官寨遗址出土

陕西杨官寨遗址，大致与河南的庙底沟一期遗址处于同一时间段，代表着仰韶文化的晚期，距离今天 6000—5000 年。从墓葬规划、管理的不同来看，杨官寨的仰韶先民可能已经产生了社会阶层的分化。考古工作者在遗址周边发现了环壕。壕，就是在土地上挖掘形成的深沟，具有一定的防御功能。经过估算，杨官寨遗址的环壕总周长近 2000 米，深度约 4.5—5 米，最宽处达到了 15 米。初步计算，挖建这样一个壕沟，出土量应有 11 万—12 万立方米。以当时的那种条件，从挖土到搬运，整个工程量非常大，加之杨官寨 100 万平方米的整个规模，我们就能看到整个遗址应该是一个中心性的聚落。除了环壕，考古工作者还从杨官寨遗址中清理出了水利设施的遗迹，5000 多年前，先民已经为自己居住的聚落，设计出了完整的给水、排水系统。

考古工作者还在河南巩义的双槐树遗址发现了围绕遗址的三重环壕，从内到外，整个遗址被内壕、中壕和外壕分为规整的三部分，遗址内还有封闭式排状布局的大型中心居址，四处经过严格规划的大型公共墓地和三处夯土祭祀台基。面对这些发现，我们在想，在仰韶文化中晚期，这样一座遗址，它的主人是不是传说中三皇五帝一类的大人物？双槐树遗址，是不是当时中原地区的一处区域中心？

在距离今天 5000 多年的仰韶晚期，在黄河地区，仰韶先民通过不断的竞争与融合已经形成几处重要的中心。到了龙山文化时期，长江中游和黄河中下游地区已是城堡林立，黄河中下游地区的龙山文化城址已发现 18 座之多。各地史前城址一个接一个地被发现，成了考古界最令人瞩目的现象。史前城址现在已发现不少，没有发现的数量当更多。

这些大大小小的城堡在历史上的出现，也表明了大大小小的政治经济中心的形成，它们也许就是一个个以部落联盟为基础的城邦。当然我们也该明白，有了巍峨的城墙，自然可以作为判断城市已经出现的依据，以防御为目的而修筑的城垣，主要是部落间征战的产物。更早的城市也许不一定有城墙环绕，没有城墙的政治经济中心同样也是城市，城墙不能被看作城市的决定性标志，如安阳殷墟与周代的都城就都没有城墙。我们据此可以做出这样的判断，将来考古发现没有城墙的早期城市不是没有可能，城市出现的年代也将比我们现在所知的还要早得多。

城堡的雄厚根基在史前已经奠基，而它的宫殿的屋顶已经高耸到了文明时代。国家是最复杂、最高级的政治机构，是文明时代的一个显著标志。最高级的政治机构的驻地，应当就是大型的中心城邑；史前时代末期的一些规模较大的城址，应当就是国家所在的中心城邑。

我们生活在现代都市的人，不大能想象出先民们在史前城堡中活

彩陶罐
河南巩义双槐树遗址出土

动的情景，虽然那些城市还不是那么完善，但那毕竟是与聚落意义不同的城市，它是我们现代都市起源的基础。

二、拥有冶金术的史前居民

冶金技术的发明，是史前时代末期最伟大的科学成就之一，它在文明起源上发挥了重要作用。

仰韶文化居民在烧制高温陶器的过程中，可能已开始冶铜的尝试。在仰韶文化遗址中发现的铜片和小件铜器，引起了研究者们的广泛注意。在姜寨遗址的半坡类型地层中，发现了圆形和管状残铜片各 1 件，鉴定表明它们的含锌量分别为 25.5% 和 31.0%，应属黄铜，这是用铜锌共生矿冶炼出的合金。此外，在渭南北刘遗址的庙底沟文化地层中，还发现了 1 件铜笄。这些证据表明仰韶早期的居民已开始金属冶炼的尝试，由于这种尝试还处于初始阶段，故而他们还没有真正跨入金属时代。

到了龙山文化时代以后，发现铜制品的地点明显增多，这样的地点已不下 20 处，多分布在山东与河南一带。如山东胶县三里河遗址发

青铜刀
甘肃东乡林家遗址出土

现铜锥，栖霞杨家圈遗址发现铜锥和炼铜渣，牟平照格庄遗址有铜锥，河南登封王城岗遗址有铜容器残片，郑州董砦遗址有方形铜炼渣，汝州煤山遗址有炼铜坩埚残片，山西襄汾陶寺遗址有红铜铃。

在稍晚一些的齐家文化中，不少遗址都出土了铜器，在甘肃武威皇娘娘台一处就出土 30 多件，其他一些地点发现 20 多件。齐家文化铜器的器型主要有锥、刀、凿、匕、斧、镜和指环等，以小型工具为多，基本没有容器。

从现有考古资料看，史前铜器的发现多限于黄河流域，其他地区发现极少。出土的铜器经过鉴定，铜料既有自然铜，也有人工冶炼铜。这些铜器的器型也比较小，数量较多的是锥和小刀。不少研究者认为，人类制作铜器最初使用的是自然铜，也就是红铜，是自然生成的铜块。后来用单金属矿冶炼出了纯铜，也就是一般所说的红铜。按我们现代的知识，得知冶炼纯铜的熔点为 1084℃，在史前时代要得到这个温度并非易事。人类还逐渐利用多金属共生矿冶炼铜合金，得到青铜、白铜和黄铜。铜器出现之初，生产规模很小，冶炼技术还不普及，石器仍然还在大量制作和使用，这就是铜石并用时代。铜石并用时代是新石器时代发展到铜器时代的过渡阶段，也可以看作铜器时代的一个重要的预备阶段。

中国早期铜器的成形技术，已经有了锻打和浇铸之分。青铜冶炼技术出现以后，铜器的成形技术有了进一步的提高。青铜冶铸的成功，冶铸技术得到一定普及，合金的配比方式渐趋合理，这就是青铜时代的开始。

近年不少考古学家都在考虑重新划分中国的考古学时代。对过去中国新石器时代两大文化体系——仰韶文化和龙山文化，研究者进行了重新评价，认为它们已不完全属于传统意义上的新石器时代，至少仰韶晚期已进入铜石并用时代，而龙山时代则已是标准的铜器时代，或者称为早期铜器时代。龙山时代的整个黄河流域都有铜器实物出土，铜器的冶铸与使用已经相当普遍，它已越出新石器时代的范畴。

冶金技术的发明，使人类社会由新石器时代跨进到一个全新的时代，这就是文明时代。

三、从刻符到文字

人们会很自然地认定，文字的发明是文明出现的最重要的标志，文字被研究者们看作文明三要素中最重要的一个。作为华夏文明载体的汉文字，它的起源一直是古文字学家和考古学家十分关注的课题，他们在发掘中寻找证据，在反复研究中发现了许多重要线索。

古文字学家认为，汉字是在华夏大地上独立产生的文字体系，它和古埃及的圣书字、苏美尔楔形文字、原始埃兰文字和克里特文字等，都是世界上最古老的文字。这些文字体系都经过了由图画文字到表意文字的发展阶段，不过其他古文字在漫长的演变过程中逐渐丧失了生命力，有的变成了拼音文字，有的被外来文字所取代，有的则久已不可识读，成了死亡的文字。只有汉字，自它出现以后，不断地发展完善，没有停顿地从远古使用到了当代，成为世界上唯一一种有着日渐严密体系的表意文字。学者们相信，汉文字的发展没有中断，我们沿着这文字踏出的足迹向上追溯，是一定可以找到它的起源的。

在我们古代的传说中，有汉字为仓颉所造的说法。仓颉造字的传说，最早见于战国时代的《吕氏春秋》和《韩非子》等典籍。仓颉为黄帝时的史官，汉代许慎《说文解字·叙》说，仓颉受鸟兽爪蹄印迹的启发"初造书契"，所以后来还有"鸟迹明而书契作"的说法。当然，这个说法并不能作为研究文字起源的依据，汉字的发明创造绝非一人一时之功，而是经历了十分漫长的孕育过程。

自商代甲骨文字确认以后，人们知道那些刻在甲骨上的字符已是十分成熟的文字，已具备系统的字法和句法规则。据粗略统计，出土总数达 16 万片的有字甲骨，单字字数已多达 4500 个左右，完全可以满足当时的使用需要。人们很自然地想到甲骨文的出现并不是突发事件，一定有一段漫长的发展过程。有的学者曾打了一个很生动的比喻，说如果将甲骨文看作最早的汉字，那无异于说某个人一生下来就长着白胡子。有了甲骨文的发现，学者们就更有信心了，希望能由考古学探讨汉字的演进轨迹，解开汉字起源之谜，由此进一步探索中国文明的起源过程。

在考古资料积累到一定程度的时候，有的研究者很快注意到这样一种现象，很多新石器文化陶器上都有一些刻画符号，这些刻符简练而醒目。仰韶文化时期，包括半坡遗址和庙底沟遗址在内的很多遗址都发现了刻画符号。这些刻画在不同载体上的符号，承载着契刻者的意念，代表着一定的意义。人类在生产生活中留下的这些印记，标识着远古先民在实践中不断地探索和思考。

一些著名的古文字学家关于陶器刻符究竟是不是文字，持有两种对立的观点。但似乎可以肯定的是，新石器时代陶器上的刻符不会是严格意义上的文字，也是说它们不能算作标准文字。但这些刻符有固定的形体，有明确的含义，又不能说与文字毫无关联，刻符也未必一个都没有文字意义。汉字的起源与刻符的关系相当密切，至少文字的创造是受到这些刻符的启发，如果说仓颉是看了鸟兽的足迹而萌发造字的奇想，那么还不如说是看到陶器刻符后加以改进整理而造出文字。

令我们大受鼓舞的是，近年新石器时代陶文的一些重要发现，为

有字甲骨

河南开封博物馆藏

探索汉字的起源提供了新鲜资料。在大汶口文化的陶器上确实发现有文字，可以认为它是目前发现的较早的汉字。不过也可以把它看作一种刻符，是表达有明确意义的刻符，形、义一目了然，读音也许已确定，所以它又并非普通的刻符。在山东莒县陵阳河和大朱家村、山东诸城前寨、安徽蒙城尉迟寺等遗址，多次出土刻有象形文字的陶器，所见象形字有近 10 种之多，而且同一字形常能重复出现。这些字形与仰韶文化常见的陶器刻符有明显的区别，它的笔画相当工整，结构也比较固定，与商代甲骨文字体有显而易见的渊源关系。大汶口文化的陶文显然也可归入象形文字体系，完全可以认定属于古代汉字的范畴，是目前所能确认的年代最早的汉字，距今约 4500—4000 年。

在龙山文化时期的陕西长安花园村，发现了一批 4000 年前的刻画有原始文字的兽骨和骨器，文字结构比较复杂，与甲骨文字也有内在的联系，有的字形可以在甲骨文中找到对应的字体。在山西襄汾陶寺

刻符陶片
河南灵宝西坡遗址出土

黄河流域仰韶文化的原始刻画符号

遗址的一件陶器上，见到一个用红色书写的字，也应是确定不移的汉字，而且是考古发现的年代最早的书写汉字。在良渚文化的陶器上也多次发现刻画的文字与符号，有的专家甚至释读出了成组的词句。

1991—1992 年，在山东邹平丁公遗址，发现了 1 块刻有 11 字陶文的陶器碎片，顿时掀起轩然大波，让考古学界和古文字学界兴奋了一阵子。目前学术界对这个发现持有两种完全不同的意见，一部分人认为这个发现不大可靠，没必要把它当作一件了不得的事情；另一部分人则认定这个发现非常重要，它表明龙山文化时期已有比较成熟的文字，不过丁公陶文所代表的文字体系与后来的甲骨文并不是一回事。实际上，在没有新的相关发现之前，丁公陶文已成为一桩学术悬案，我们等待着解决它的机会能早日到来。

文字本就是一种符号，文字的产生与演进，有一定的规律可循。从文字产生的一般规律看，最早出现的应当是图画文字，以图像记录

朱书文字陶扁壶
山西襄汾陶寺遗址出土

丁公遗址陶文及摹写
山东邹平丁公遗址出土

和传递信息。后来图画文字和某些图案的表意成分转变为约定符号乃
至记词字符，这时准文字已经出现。最完美的图画文字可能就是一套
具有现代意义的简略的连环画，考古学家们似乎还没有找到让我们一
看就懂的史前人创作的图画文字，我们还需耐心等待，等待具有决定
意义的惊人发现。我相信，在仰韶人的彩陶时代，这样的图画文字肯
定已经出现，也许考古学家已经发现了它，只是暂时还没能将它破译
出来而已。

　　经过一代又一代考古工作者的努力，我们已经完全明白，中国有
发达的史前文化，古代中国文化是独立发展的，中国文明的出现并非
外力影响的结果。发达的殷商文明并不是无源之水，它所具有的城市
文明、青铜文明和文字等，都是在中国史前文化已有的基础上发展起
来的。我以为中国文明的主体构成部分在新石器时代已经开始建造，
而奠基则早已完成。文明不是突然到来的天使，也不是上苍恩赐给人
类的礼物，它是人类自己的创造。华夏的远古时代就已经透射出文明
的曙光。

仰韶文化层，公元前
5000-前3000年，出土以
彩陶为主的生活器皿。

后记

　　我写过一部《大仰韶：黄土高原的文化根脉》，与仰韶结了缘。结缘是个意外，我关注仰韶并不太早。本想着走过百年历程，仰韶文化已妇孺皆知，但调查的结果并非如此，可以说社会大众对仰韶是既熟悉又陌生的。熟悉是因为仰韶的名字曾出现在中学历史课本中，陌生是绝大多数人还说不清其基本内涵是什么。2024年春节前后，我的朋友王昕和河南美术出版社的编辑两次冒着严寒来京见我，说是要筹划出版一本考古普及读本，让广大普通读者能轻松了解仰韶文化，这个编写任务也就交给了我。

　　写出这样一部大众读本，并不是那么容易。河南美术出版社对此事高度重视，王广照社长多次亲自过问；康华总编辑、董慧敏编辑更是和我多次商讨文本架构，反复强调既要通俗易懂，又要科学可信，要给大众讲好仰韶故事；刘运来副总编带着摄影师吴晓春、李智勇一行还在酷暑中去有关遗址进行拍摄，他们的努力大大提振了我的信心。

　　放下手头正在进行的工作，我把之前有关仰韶文化的研究成果和思考重新进行整理，并取名"仰韶时代"。我觉得仰韶文化随着考古研究的深入，光芒会越发灿烂辉煌。谢谢每一位有机会读到本书的人，特别是身处仰韶文化分布区的读者，相信你们在仰韶之光的照耀下，已经在不知不觉中拥有或多或少的仰韶文化基因。在此，我要特别感谢中共河南省委宣传部、中共三门峡市委宣传部、三门峡庙底沟博物馆以及河南仰韶酒业有限公司对本书出版的大力支持，对仰韶共同的爱促使我们走在一起，共襄文化盛举。爱仰韶，也爱你们。

王仁湘

2024-5-31 于京中寓所